왜 트럼프는 트위터를 좋아할까?

왜 트럼프는 트위터를 좋아할까?

초판 1쇄 발행 2020년 6월 20일
초판 3쇄 발행 2021년 6월 15일

지은이 신용균, 김현정
펴낸이 전익균, 강지철

기 획 백현서, 조양제
관 리 김영진, 정우진, 이보빈
편 집 김 정
디자인 페이지제로
교 육 민선아
마케팅 (주)아미푸드앤미디어
유 통 새빛북스

펴낸곳 도서출판 새빛, 유피피코리아
전 화 (02) 2203-1996 **팩스** (050) 4328-4393
출판문의 및 원고투고 이메일 svedu@daum.net
등록번호 제215-92-61832호 **등록일자** 2010. 7. 12

값 14,000원
ISBN 978-89-92454-89-6 03320

왜 Why 트럼프는 트위터를 좋아할까?

신용균 김현정 지음

글로벌 품격 비즈니스 컬쳐—영미편

도서출판 새빛
SAEVIT

차례

PART 3

실천하라, 영-미 비즈니스 현장 속에서!

프롤로그

"오늘도 무한경쟁의 정글과 같은 비즈니스 현장에서 땀 흘리고 열일하며 무사히 하루를 보낸 비즈니스맨들의 수고에 큰 박수를 보낸다."

이 책은 비즈니스맨들을 위한 책이다. 글로벌 비즈니스 입문자, 예비 비즈니스맨들에게는 현장 적용을 위한 '실용서'로, 이미 오랜 경력을 보유하신 비즈니스맨들께는 품격을 한 단계 더 높이기 위한 '가이드북'으로 활용되기를 희망한다.

품위를 이야기하지만 서점에 다양하게 나와있는 책들처럼 비즈니스 매너, 예절, 에티켓 관련된 책이 아니다. 또한, 국가와 관련하여 영국과 미국을 집중적으로 다루고 있지만 반드시 영국과 미국에 대한 이야기만도 아니다.

이 책에는 글로벌 비즈니스에 품위를 더하기 위해 오랜 기간 몸소 경험하고 시행착오를 거듭하며 채록하게 된 노하우, 정보, 꿀팁들이 모조리 담겨 있다. 또한, 방법론적으로는 우리가 일상에서 사용하는 언어에 내재되어 있는 고유의 특징들을 토대로 해당 국가의 비즈니스 문화를 어떻게 깊이있고 통찰력있게 이해할 수 있는지에 대한 새로운 시각을 제시하고 있다.

비즈니스 대상 국적이 영국이든 미국이든 독일이든 아프리카 어느 국가든 관계없다. 국적에 관계없이 적용할 수 있는 '글로벌 비즈니스 문화에 대한 인식의 전환'을 본격적인 화두로 꺼내고 싶었다.

한국이 인터내셔널 비즈니스를 거쳐 오늘날 글로벌 비즈니스에 이르기까지 약 30여년 정도 시간이 흘렀다. 사람에 비한다면, 그 기간이 비즈니스의 양적, 질적 확장의 시기로 이제 한 30세 정도 된 전도유망하고 잠재력 최강의 글로벌 비즈니스맨의 모습이라 할 것이다. 이제 이 젊은이는 더욱 노련한 40대, 50대 글로벌 비즈니스 전문가로서 황금기를 앞두고 서서히 그간의 실력과 경험, 노하우가 한층 깊이를 더해가며 더불어 품격과 품위도 생각해야 할 중요한 시기에 놓여있다.

글을 쓴 우리들은 각자 20여년 이상 다양한 글로벌 비즈니스 환경에서 일 해오고 있다. International MBA를 마치고 외국 정부기관, 다국적 기업, 국내 대기업 등에서 근무하였고 다수의 해외 상공회의소, 국제문화교류단체들과 협업해오고 있다.

책에서 다루는 상황이나 에피소드 대부분은 우리들이 현장에서 직접 겪은 경험을 바탕으로 하였으며, 나머지는 다양한 국적의 비즈니스맨, 교수, 외교관, 시민, 교포 등 지인들과 오랜 기간 질문하고 경청하며 조언을 들은 내용을 기반으로 하였다.

진심으로 바라는 바는, 이 책에 공유한 우리의 경험과 시행착오, 실수에서 얻은 교훈들과 꿀팁들을 독자이신 비즈니스맨들이 현업에 적극 적용하였으면 한다. 그로써, 이제 글로벌 비즈니스에 입문하시는 분들은 앞으로 겪게 될 수많은 시행착오를 줄여 빠른 기간 내에, 능력 있는 비즈니스맨 반열에 오르기를 기원하고 응원한다.

현재 이미 충분히 인정받는 경험 많은 글로벌 비즈니스맨 독자분들은 본인만의 노하우를 지니고 있겠지만, 중간 중간 비어 있거나 세심히 챙기지 못한 부분들을 본 책의 내용을 통해 재점검하고 업그레이드하는 기회로 삼으시기 바란다.

우리들이 전하고 싶은 글로벌 비즈니스 문화의 인식과 시각은 책을 읽으며 쉽게 파악하실 수 있다. 책에서 다루는 일부의 이론적인 내용이나 용어에 스트레스 받지 마시기 바란다. 불가피하게 이러한 이론들을 최소로 소개하지만, 바쁜 비즈니스 환경에서 비즈니스맨들이 이론까지 소화하실 필요는 전혀 없다. 다만, 우리의 경험과 나름의 노하우에 집중하여 읽으시고 필요한 내용을 직접 일상 비즈니스에 접목하는 실용서로서의 역할을 한다면 정말 보람 있을 것이다. 바쁜 비즈니스맨들을 위해 실제 업무에 적용하실 부분들이나 중요한 부분은 '볼딕체'로 굵게 표기해 드렸다.

끝으로, 이 책이 나오기까지 15년여 시간이 걸렸다. 이 기간 동안 국내외 수많은 분들로부터 유익한 조언과 도움을 받았다. 이 분들의 존함은 책의 맨 뒷장 후기에 담았으며, 재차 지면을 통해 말로 표현 못할 감사의 말씀을 드린다.

치열한 경쟁 속에서 헌신적으로 열일하며 수고하고 있을 비즈니스맨들을 응원한다. 책을 읽어주시는 모든 분들이 자신의 비즈니스 위치에서 성공 하시기를 진심으로 바라며, 여러분들이 현장에서 겪으신 소중한 경험과 고견, 피드백을 함께 나눌수 있기를 바란다.

저자 신용균, 김현정 드림

PART 1

패러다임을 전환하라, 비즈니스 방식은 언어가 결정한다!

| 언어가 비즈니스 방식을 결정한다! |

그간 어쩌면 우리는 언어만 유창하게 하고자 모든 노력을 기울였는지 모른다. 한 사람의 언어가 단순히 생각을 표현하고 의사 소통하는 수단이라 생각하는가? 아니다. 언어는 한 사람의 사고를 지배한다. 언어의 활용과 한계가 바로 그 사람의 사고와 행위의 한계로 볼 수 있다는 것이다.

독일의 실존주의 철학자인 '마르틴 하이데거(Martin Heidegger)'는 '언어는 존재의 집(Die Sprache ist das Haus des Seins.)'이라 하였다. 이는 언어가 인간의 기본적인 존재 양식을 드러내는 중요하고도 근원적인 매개체 역할을 하기 때문이다.

한 개인, 한 인간의 근본적 존재를 담고 있는 집이 바로 '언어'인 것이다.

한 지역, 한 국가의 역사적, 종교적, 사회적, 철학적, 민족적 사건들과 요소들은 시간이 지나면서 많은 부분 잊혀지거나 사라져 간다. 그럼에도, 오랜 시간 후에도 후대로 전해 내려오는 것이 가능한 것은 바로 언어 때문이다. 이렇게 문화 요소들은 언어, 사회적, 문화적 코드 속에 내재화되어 다음 세대로 전승된다.

한 지역의 언어를 잘 살펴보면 그 지역 사람들의 사고와 행동방

식 그리고 고유한 세계관을 이해하고 파악할 수 있다. 따라서, 어떤 언어를 사용하느냐에 따라 동일한 현상에 대해 주안점을 두는 내용과 강조하는 내용에 차이가 있으며 이들의 문제대응 및 해결 방식에 있어서도 차이를 보인다.

우리는 지금까지 글로벌 비즈니스 환경에서 글로벌 소통의 매개와 수단으로써 언어를 대해왔다. 소위 말을 유창하게 하면 글로벌 비즈니스의 충분조건을 다 갖춘 것으로 이해한 것이다. 정작 그 언어에 내재하고 있는 문화, 가치관, 사고방식, 행동 코드는 인지조차 하지 못한 채 말이다.

이제는 전제가 바뀌어야 한다.

"사람이 언어를 지배하고 통제하는 것이 아니다. 언어의 속성이 그 사람의 인지 및 사고 방식에 내재되어 통제하고 일련의 행동으로 발현된다."로 말이다.

지금껏 글로벌 비즈니스의 시작점을 단순히 '외국어 배우기'로 여겼는가? 그렇다면 이제 "그 언어에 내재된 가치와 사고, 행동방식, 나아가 문화를 읽고 이해하기"로 대대적인 좌표 수정을 해야 하는 시점에 우리는 놓여 있다.

싱글태스커 vs 멀티태스커

"여러분은 싱글태스커(Single-tasker)인가, 멀티태스커(Multi-tasker)인가?"

"한국인들은 어떨까?" 아마도 대부분 "한국인은 멀티태스커다."라는 데 동의할 것이다. 아니, 어쩌면 치열한 경쟁의 한국 사회는 멀티태스커가 아니면 살아남기 어려운 소위 후천적 멀티태스커들을 길러내고 있는 게 아닐까 하는 생각도 해본다.

예전에 문화평론가 이어령 교수가 언급한 내용이 떠오른다. 한 신문 사설에서 그는 "한국인의 멀티태스킹(Multi-tasking) 능력은 유년 시절 어머니로부터 자연스럽게 보고 배우며 자랐기 때문"이라 밝혔다.

과거의 우리 어머니들은 어떠셨나? 어린 아이를 등에 업고 돌보시며 부엌에서 불을 지펴 가마솥에 밥을 지으시고, 동시에 반찬을 준비하시며 밥상을 차리시고, 또 한편으로는 또 다른 자녀를 씻기는 등 한번에 여러 가지 일을 동시에 완벽히 처리하신 수퍼우먼이셨다. 이런 과정을 일상생활에서 보며 자란 아이들이 자연스럽게 어머니로부터 동시 다발적 일 처리 방식인 '멀티태스킹' 능력을 배웠을 거라는 평론이었다.

충분히 설득력이 있다. 그러나 과거 어머니들과 같은 멀티태스킹 방식을 생활 속에서 직접 보고 자라지 못한 현대의 한국 청소년과 젊은이들은 어째서 과거 세대보다 더 가공할 만한 멀티태스킹 능력을 지니게 된 것일까?

| 선천적 멀티태스커 한국인 |

요즈음 한국 젊은이들은 공부를 하면서도 반드시 음악을 들어야 한다. 심지어 학습에 도움이 되는 백색 소음을 제공하는 앱도 대중화 되어 있다. 동시에 두 세 대의 컴퓨터 모니터를 켜놓고 여러 작업을 동시에 하면서도 대화하고 식사하고 짬짬이 모바일을 통한 소셜 네트워킹까지도 문제없이 해낸다.

이들의 동시 다발적 행동 방식을 보면, 한국 젊은이들은 단연

세계 제일의 '멀티태스커(Multi-tasker, 동시에 여러 가지 일을 능숙하게 처리하는 사람)'임에 틀림없다는 생각이 든다.

한국인들의 멀티태스킹 능력은 문화 분류상 '동시적, 다원적 시간문화'에 속하는 시간차원 특성으로 설명하는 것이 좀 더 설득력 있어 보인다. 이 문화 특징은 한번에 여러 가지 일을 동시에 처리하거나 관여하는 것을 선호한다. 뿐만 아니라 일상에서 우리가 사용하는 한국어에 이러한 '동시성'과 '다원성' 요소가 내재되어 있다.

같은 내용을 영어와 한국어로 비교해보자. 영어와 달리 한국어는 단어 위치를 뒤바꾸어도 의미 전달이나 문법상 아무 문제가 없다.

[영어] 같은 단어지만 위치가 바뀌니 교육의 주체가 매니저에서 신입사원으로 바뀐다.

- A manager onboards a newly hired employee. (의미○, 문법○)
- A newly hired employee onboards a manager. (의미×, 문법○)
- Onboards a manager a newly hired employee. (의미×, 문법×)

[한국어] 단어의 위치가 바뀌어도 전혀 의미 전달 문제가 없다.

- 매니저는 신입사원을 교육한다. (의미○, 문법○)

- 신입사원을 매니저는 교육한다. (의미○, 문법○)
- 교육한다, 매니저는 신입사원을. (의미○, 문법○)

단어의 '순서와 위치'를 중시하는 영어는 문장에서 단어의 순서를 바꾸면, 문장의 의미가 완전히 달라지기 때문에 같은 단어들을 사용해도 하나 또는 유사한 두 개의 문장을 만들기 어렵다. 앞서 예문들처럼 주어가 목적어와 위치가 바뀌게 되면 주체가 완전히 뒤바뀌는 것이다.

이처럼 한국어의 가장 큰 특징이자 장점 중 하나는 어순에 관계없다는 것이고, 상황에 따라 자유로운 표현이 가능하며, '1 대 1' 뿐 아니라 '1 대 다수'의 상황에서도 자유롭게 커뮤니케이션이 가능하다는 것이다. 어디 이뿐인가? 표준어 외에 사투리까지 감안하면 한국어의 놀라운 확장과 다양한 표현 구사가 한층 더 배가 된다.

영어를 모국어로 사용하는 사람들은 반대로 한 사람씩 순서대로 커뮤니케이션 하는 것을 선호한다. 이들은 '순서적, 일원적 시간 문화'에 속하여 한번에 하나씩(One-by-one) 일을 수행한다.

언어적으로도 영어는 단어의 '위치, 순서'가 뒤바뀌면 의미도 뒤바뀐다. 영어가 속한 언어군의 가장 큰 특징이기도 하다.

| 언어가 통제하는 비즈니스 방식 |

"한국 기업에서 일하거나 한국 파트너들과 협업하는 영-미계 비즈니스맨들이 힘들어하고 혼란스러워하는 경우는 언제일까?"

여러 가지가 있겠으나 한국인들은 다양한 비즈니스 주제를 넘나들며 토론하고 때로는 한 주제의 결론을 내리지 않고 여러 주제를 수시로 번갈아 가며 의사 소통하는데, 이런 경우 적응이 무척 어렵고 혼란스럽다고 한다.

한국은 '동시적, 다원적 문화'에 속하며, 한국어는 문장 위치에 관계없이 융통성 있게 다양한 표현이 가능한 언어적 특성을 지니고 있다.

이런 언어 훈련을 수년, 수십 년 이어온 까닭에, 한국인들은 복잡한 상황이 동시에 발생하더라도 이에 대한 대처능력, 즉 내재된 '멀티태스킹' 능력이 자연스럽게 발휘되는 것이다.

그렇다면, 한국 사회에서 오랫동안 거주하며 한국어를 내국인 수준으로 유창하게 구사하고 있는 외국인들에게 과연 사고와 행동방식에 변화가 있을까?

즉, 기저에 순차적, 일원적 시간문화를 갖고 있는 외국인들이 동시적, 다원적 문화의 한국문화와 한국어를 한국인 수준으로 장기간 습득한다면 이들에게 문화적 변화가 발생할까?

내가 이사회 회원으로 활동하고 있는 약 120여년 역사를 가진 왕립아시아학회(Royal Asiatic Society)에는 한국에서 수십 년을 거주하여 한국어를 내국인 수준으로 유창하게 구사하는 영국과 미국인 회원들이 많이 활동하고 있다.

이들과 이사회 회의를 하면서 느끼게 되는 재미있는 것 중 하나는 영-미계 출신 이사들 중 한국어를 유창하게 구사하면 할수록 회의 시간에 한국사람처럼 여러 회의 주제를 번갈아 왔다 갔다 한다는 것이다. 회의를 하면서도 인터넷 회신을 하거나 짧은 업무 지시를 하는 등 약간은 부산스럽게 여러 가지 일을 동시에 처리하는 멀티태스커 모습을 그들에게서 찾아볼 수 있다.

오랜 시간 동안 한국어를 습득하는 과정을 거치며 그들 역시 자연스럽게 일상생활에서 한국인들이 보유하고 있는 멀티태스킹과 유사한 행동 방식을 보이는 것이 흥미롭다. 선천적이 아니어도 언어 습득에 따른 후천적인 문화성향 변화도 가능하다는 것을 알 수 있다.

| 비즈니스 위협과 대응 |

기업의 대내외 환경에서 불확실성은 점점 더 높아지고 있다. 이러한 환경에서 한국 비즈니스맨들이 보유하고 있는 멀티태스킹 능력은 예상치 못한 기업의 위기 상황에서 동시다발적으로 다면적 분석을 가능케 한다. 위기 상황에 따른 유연한 대처능력과 여러 문제들을 동시에 해결해 나가는데 매우 유리하다.

반면 개별 사안별로 순차적이고 깊이 있고 집중력 있게 결론을 도출하고 해결하고 나서야 그 다음 이슈로 넘어가는 영-미계 비즈니스맨들과 비교하여 분석적, 체계적, 조직적 능력은 상대적으로 부족할 수밖에 없다.

그렇다면 한국 비즈니스맨들이 부족한 이 능력을 배양할 수 있는 방안은 무엇일까?

앞서 본 것처럼, 순차적, 일원적 시간 문화권 국가에서 장기간 살며 그들의 언어와 문화를 몸소 체험, 내재화하는 게 무엇보다 좋은 방법일 것이다. 그러나, 좀 더 현실적으로 접근하자면 분석적, 체계적, 조직적 능력 배양을 가능케 하는 고정어, 순차어 언어들, 예로 영어나 중국어 등을 습득하여 해당 능력을 서서히 배양할 수도 있다.

지금까지 여러분들이 "외국어 하나쯤 배워야지." 정도로 생각하여 영어든 중국어든 조류에 맞추어 학습해왔다면, 이제는 자신의 비즈니스 경쟁력을 키우기 위해 동시적이면서도 순차적인 양쪽 문화의 장점을 내재화하자는 목적으로 언어를 전략적으로 선택하고 학습하기를 권한다.

기억할 것은, 언어가 사고 방식에 영향을 끼치고, 이 방식이 비즈니스에 있어 대외 환경분석이나 문제 해결방식에 특정행동으로 발현된다는 점이다.

최선의 선택은 동시성, 다원성의 멀티태스킹 능력과 순차적, 분석적 싱글태스킹 능력을 두루 균형적으로 보유하는 것이다.

이를 위해, 여러분과 나 즉, 한국어를 모국어로 해 온 사람들의 기저에 이미 훌륭한 멀티태스킹 능력이 내재화 되어 있으니, 순차적, 일원적, 분석적 언어를 선택해 학습함으로써 싱글태스커들이 보유한 긍정적 장점들을 보완해 나갈수 있다.

이제는 단순히 스펙으로 외국어 하나 더 익히자는 생각이 아닌 자신의 능력을 배가시키는 무기 하나를 추가 장착한다는 것으로 '언어'에 대한 여러분의 생각을 먼저 전환하자.

현재형 인간 vs 과거형 인간

술 이야기를 좀 해보고자 한다. 나의 독일 유학시절 가장 큰 즐거움 중 하나는 단연 지역별로 다채로운 독일 맥주를 즐길 수 있다는 것과 뮌헨의 '옥토버페스트(Oktoberfest)'와 같은 각 도시별 유명한 독일 맥주 축제에 참여하는 것이었다.

"세 잔의 맥주는 한 끼의 식사와 같다."라는 독일 속담처럼 독일 사람들의 맥주사랑은 특별하며, 맥주를 정말로 물처럼 즐겨 마신다.

한국의 모 CF에서 외쳐대던 '맥주순수령(Reinheitsgebot, 라인하이츠게봇)'은 1516년 바이에른 왕국의 빌헬름 4세가 맥주의 품질을 유지하기 위해 공표한 법이다. 맥주 양조 시 맥아, 호프, 물, 효모 4가지 이외에는 어떤 첨가물도 사용하지 않도록 하는 법으로, 정직하고 품질 좋은 독일 맥주 이미지를 구축하는데 기여하였다.

"맥주는 양조장 굴뚝 그늘 아래서 마셔야 한다."라는 독일 속담에서 알 수 있듯이, 맥주는 생산하고 나서 바로 마셔야 그만큼 신선도가 높다. 맥주가 생산된 바로 '현재시점'을 기준으로 하여 시간이 지나면 지날수록 맥주의 신선한 맛과 거품의 향이 떨어지기 때문에 마셔야 할 시점을 놓치지 않도록 주의해야 한다.

독일인들에게 시간의 지나친 흐름이나 오래된 과거의 의미는 시간이 너무 지나서 마실 수 없는 신선도가 떨어진 맥주처럼 때로는 쓸모 없거나 낡음이라는 의미로 해석될 수 있다.

| 국가마다 상이한 시간문화 |

'크뤽호흔과 슈트로드트벡(Kluckhohn & Strodtbeck)'은 한 국가나 지역의 사람들이 '과거, 현재, 미래'의 시간 중 어느 시간에 더 많은 가치와 의미를 부여하는지에 따라 '과거지향적(Past-oriented), 현재지향적(Present-oriented) 그리고 미래지향적(Future-oriented)' 시간 문화로 나누었다.

'과거지향적 문화'에서는 전통, 역사를 중시하고, 조상, 연장자에 존경을 표하며, 과거의 영광을 재현하는데 동기부여를 한다. 이 문화에서는 모든 것들이 전통이나 역사적인 맥락 속에서 해석되므로 역사는 현재 행동을 위한 배경으로 여겨진다. 오랜 역사와 전통을 지닌 한국, 일본 등 아시아 국가들과 프랑스와 같은 나라에서는 역사의식이 다른 국가에서 보다 비교적 더 중시되며, 왕정이나 계급제도 유산이 남아 있는 국가들이 이런 과거지향적 문화에 속한다.

'현재지향적 문화'에서는 현재 순간의 활동과 즐거움을 가장 중요하게 여기므로 "바로 지금, 바로 여기" 즉, 현재와의 관계에 대해 강한 관심을 보인다. 따라서, 이들 시간문화에서는 현재 눈앞에 당면한 이슈에 대한 즉각적인 영향과 성과를 매우 중요하게 생각하며, 영국, 미국, 독일 등이 이에 속한다. 현재지향적 문화성향은 이들 나라의 언어에도 그 특징이 내재되어 있다. 예로, 영어의 경우 '현재형 동사'들의 발달이 그것이다. 이중 '현재완료' 표현은 보통 과거에 했던 동작 또는 상태가 '현재'까지 그 영향을 미치는 경우로 빈번히 사용된다.

"I lost my car.", "I have lost my car." 두 표현 모두 해석은 "나는 내 차를 잃었다."이지만, 앞의 문장은 단지 과거의 한 상황 단면 만을 전달하는 것이라면, 두 번째 문장은 현재완료로 과거에 내 차를 분실하였고 그것이 현재까지 분실 상태임을 전달하는 것으로 좀 더 현재와의 연계성을 둔다.

독일어의 경우도 마찬가지로 '현재'를 중시하는 성향을 보이는데, '미래'를 표현함에 심지어 '현재 동사'를 사용함이 그 예이다.

예를 들어, "나는 내일 교회에 갈 것이다."를 표현한다면, 독일어는 다음의 두 가지 표현이 가능하다. 만약 내일 교회 가는 게 확고 부동한 계획이라면 '미래' 표현임에도 '현재 동사'를 사용하는 점이 차이가 있다. 한마디로 '현재'가 '미래'를 대신하는 문법인 것이다.

예1 Morgen gehe ich zur Kirche.

(확실한 미래로 미래 시제이나 현재 동사를 사용한 예이다.)

(= 英: Tomorrow, I go to church.) → 영문법은 오류임.

예2 Morgen werde ich zur Kirche gehen.

(= 英: Tomorrow, I will go to church.) → 영문법 적합

| 과거에 가치를 두는 프랑스 |

독일 맥주와 반대 성향의 프랑스 와인에 대한 이야기이다. 포도주는 포도를 수확하여 포도알을 으깨고 압착하여 포도즙을 내어 발효작업을 진행하고, 오랜 숙성기간을 거쳐서 병에 저장하는 과정을 거치게 된다. 잘 알다시피 포도주를 만드는데 있어 몇 주의 발효기간을 거치고 포도 품종에 따라 몇 개월에서 몇 년의 숙성기간을 거치게 된다. 적포도주는 오래되면 오래될수록 그 맛과 값어치가 올라가는 경우들이 많기 때문에 와인의 맛을 더욱 '숙성

(Aging)'시켜주는 비교적 긴 시간의 흐름이 '필수요소'가 된다.

프랑스인들에 있어 과거나 시간의 흐름은 단순히 오래됨이나 낡음의 의미보다는 현재 상태에 대한 정보를 제공해주고, 삶과 맛과 향미를 더 풍부하게 해주는 '필수적 요소'라고 생각한다.

재미있게도 이들의 언어에 과거를 나타내는 문법 즉, 과거시제가 영어에 비해 훨씬 복잡하고 세분화되어 있다. '단순과거, 근접과거, 복합과거, 반과거, 이중복합과거, 대과거' 등 과거시제 동사들이 그것이다.

시간의 관점에서 생각하면, 맥주와 와인, 우리는 술이 아니라 상반된 시간을 마시는 것이다.

| 현재에 가치를 두는 영-미인들 |

"Remember that time is money. (시간은 돈이라는 것을 기억하라.)" 미국 정치가 밴자민 플랭클린의 명언 중 하나로 시간을 하나의 유한 자원으로 인식하고 그 중요성과 가치를 부여한 전형적인 미국식 사고 방식이다. 영국과 미국은 문화적으로 '일원적(Monochronic), 순차적(Sequential) 시간문화'에 속한다. 이들은 한정된 하루 24시간을 업무와 약속 등으로 스케줄링하고, 시간을 효율적으로 사용하는데 집중한다.

'시간 = 돈'이므로 비즈니스에서 시간 약속을 지키는 것은 이들에게 매우 중요한 가치이다. 나의 시간, 남의 시간 관계없이 시간은 돈과 같이 가치 있는 자원이기에 시간을 준수하지 않는 것은 곧 돈 낭비, 자원 낭비와 같이 비효율적이라는 인식인 것이다.

미국인 Erin Meyer 교수는 산업화와 공장 노동자들의 업무 스케줄링 사이에는 밀접한 연관이 있다는 재미있는 분석을 했다.

산업혁명이 발생한 영국과 1, 2차 세계대전을 겪으며 전세계 산업화를 선도한 미국의 빠른 산업화가 영국과 미국의 노동자 그리고 비즈니스맨들로 하여금 그들의 일정을 체계적으로 스케줄링 하도록 습관 형성을 하였다는 것이다. 영-미 비즈니스맨들 공히 1시간 단위로 일정 스케줄링을 하지만, 미국 비즈니스맨들이 영국 비즈니스맨들보다 시간을 좀 더 타이트하게 사용하는 편이다. 대체로 미국 비즈니스맨들은 회의나 업무 스케줄을 30분 단위로 관리하는 것이 일반적이다.

말할 나위없이 영국과 미국 비즈니스맨들은 약속 시간을 정확히 준수하는 것을 중시한다. 이들은 주로 약속 시간보다 10분 정도 여유를 가지고 약속 장소에 도착하여 미팅 준비를 하고 기다린다. 당연히 약속한 상대방이 시간보다 늦게 되면 자신의 다른 일정에도 영향을 줄 수 있기에 대놓고 화를 내지는 않더라도 상대방에 대한 신뢰가 매우 떨어질 수 밖에 없는 것이다.

국가들마다 시간에 대한 가치는 상이하다. 그럼에도 비즈니스계(界)에서는 특정 시간에 가치를 부여하는 것을 떠나서 '시간 준수=비즈니스 매너'로써 매우 중요하다. 특히나 현재를 가장 중시하는 영-미계 비즈니스맨들이라면 '시간준수=매너=신뢰'로 연결되기에 더더욱 그 중요성을 잊지 말고 기억해야 할 것이다.

"기억하자, 시간은 돈이다. (Remember that time is money.)"

끼어드는 문화 vs 순서 지키는 문화

한국 정치인들이 TV 토론을 할 때, 앞의 정치인이 자기의 의견을 충분히 말하기도 전에 상대방 정치인은 참을성 있게 기다리지 못하고 상대편이 의견을 전달하는 중간에 끼어들거나 말을 자르는 경우를 종종 보게 된다.

운전 중 라디오 시사 프로그램을 듣다 꺼버린 적이 몇 번 있는데 패널로 참석한 여당과 야당의 정치인들이 첨예한 사안으로 논쟁을 벌이는 상황들이다. 토론 초반에는 잠시 이성적으로 상대방의 말을 경청하는 듯 하더니, 이내 발언 순서도 지키지 않고 거의 양측이 일방적으로 자기 주장만 떠들어대는 통에 마치 서라운드 잡음처럼 느껴져 언짢은 마음에 꺼버린 경우들이 많다.

이런 상황들이 영-미계 토론 문화와 가끔 비교 된다. 어떤 비판적 평론가는 이를 국가별 민주적 성숙도 차이로 설명하기도 하였는데, 글쎄 이것이 과연 민주주의 성숙도만으로 설명이 될까?

비즈니스 환경에서 보면 그래도 과거보다는 협의 중간 중간에 상대방의 말을 무례하게 자른다거나 자기 주장과 반할 경우 독선적으로 내 의견만 관철하려는 모습은 확연히 줄었다. 이러한 변화가 우리의 민주적 성숙도가 올라갔기 때문인지 글로벌 비즈니스 환경과 문화의 접점에서 시행착오를 통한 경험에 따른 것인지 하나의 답으로 결론 짓기는 어려울 것이다.

| 순차적 토론방식(지키는 문화) |

영-미계 또는 북유럽인들이 토론할 경우, 앞 토론자나 상대 토론자의 의견 피력이 끝날 때까지 인내심을 갖고 경청한 후에 자기 차례를 지켜 반론이나 의견 개진을 하는 경우를 자주 보게 된다.

이런 모습을 보며 보편적으로 영-미식 토론 문화가 우리 보다 이성적이고, 일부 견해이긴 하나 이들이 좀 더 성숙한 토론 문화를 갖고 있다고 평하기도 한다. 나는 다른 관점을 가지고 있다. 이들의 토론문화 이면에 영-미인들의 모국어 즉, 영어에 내재된 특성이 연관되어 있다고 보는 것이다.

언어 유형학적으로 영어는 문장 내 고정된 단어 순서와 위치가 중요하고, 시작과 끝이 명확한 언어이다. 이러한 언어적 특성과 더불어 이들 영-미인들의 커뮤니케이션 방식인 '저맥락 커뮤니케이션(Low context communication)' 방식이 더해지며 행동으로 발현되는 것이다.

'저맥락 커뮤니케이션'은 말은 어려워 보이지만 말 그대로 상황의 전후 배경이나 맥락을 통해 대화의 진의를 유추하지 않고 '직접적'이고 '명확한' 표현으로 전달하는 의사소통 방식이다. 소위 행간을 읽는다는 것을 가급적 지양하는 방식이다. 어떤 사안이 있다면 빙빙 돌려서 말하지 않고 논점을 정확하게 짚는다. 또한, 중간에 끼어들거나 애매모호하게 마무리 짓거나 종료하지 않고 은근슬쩍 넘어가는 경우를 못 견뎌한다. 분명 이 방식은 모호함을 지양하며, 분명하고 명료하다.

| 융통성있는 토론 방식(끼어드는 문화) |

한국 비즈니스맨들이 상대방이 말하는 도중에 말을 자르는 것이 상대에 대한 배려심이나 인내심이 부족해서일까?

아니다. 오히려 대화의 전후 상황을 기반으로 결론에 대한 어느 정도의 유추가 가능하기 때문일 것이고, 바로 이러한 유추가 가능한 것은 전후 맥락에 따라 의사소통하는 '고맥락 문화' 영향 때문이다. 또한 한국어의 특성인 단어의 순서배열과 종료 표시의 제약 없이 상대적으로 자유로운 형식의 언어 속성을 가진 언어 특성 때문일 것이다.

즉, 대화 중간에 말을 자르고 끼어 들어가도 우리 한국인들은 대체로 서로 의사소통에 전혀 문제가 없고, 또한 토론 시 핵심을 파악하는 데에도 큰 무리없이 가능한 것이다. 토론 시 전후 맥락의 유추와 비언어적 요소가 영향을 미치며 행간의 의미를 중시하는 문화로 한국을 포함하여 일본, 남유럽, 남미국가 등이 이 그룹에 속한다.

모호한 커뮤니케이션이 종종 오해와 혼란을 주기도 하는데, 외국계 비즈니스맨들이 이해하기 어려운 한국인의 대화법 중 하나가 "언제 시간 나면 식사 한번 하자.", "다음에 한번 봐요."등 이라 하지 않는가?

실은 나도 가끔 외국 지인들에게 이 표현을 쓴다. "다음에 시간 나면 식사 한번 하죠?"라고 하면 열이면 열 외국 지인들 대부분은, "Okay, When? (그래요 언제 할까요?)"하고 되 묻는다. 물론, 한국에 오래 사신 외국 분들은 이제 이 정도는 정말 식사하자는 의미보다는 한국식 인사 형태 중 하나에 해당되는 것임을 이해하고 있지만 말이다.

각 국가들의 언어적 특성과 문화적 성향이 개인의 행동으로 발현된다. 앞서 보았듯이, 한국인들이 남의 말 중간에 끼어들어 말하는 것은 한국어의 유연한 언어 구조와 함께 상황 전후의 맥락을 따지는 고맥락 커뮤니케이션 방식 때문이다.

같은 접근으로, 영미인들의 순서를 지키는 토론 방식은 영어의 고정어순 특성과 상황의 전후 맥락, 행간을 읽지 않고 대화하는 이들의 저맥락 커뮤니케이션 방식 때문인 것이다.

여러분의 비즈니스 대상이 영-미인들이라면 이들의 토론 방식을 먼저 이해하자. 이들은 질서와 순서에 입각하여 토론 중간에 끼어들지 않는다. 이러한 배경에 언어적 특성과 커뮤니케이션 방식이 가장 큰 영향을 끼치지만, 여기서 또 한가지 간과하지 말아야 할 것은 상대가 하는 이야기와 논리를 끝까지 잘 들어야만 나와 다른 견해 시 상대방의 의견을 정확하고 분명하게 반박하거나 설득할 수 있다는 논리도 내재되어 있음을 이해하는 것이다.

영-미계 비즈니스맨들과 토론 및 협상을 한다면 그들의 발언이 마무리 되기 전에 중간에 끼어들거나 중단하지 말라. 이는 "상대의 말을 끝까지 경청하여 그 의도를 정확히 파악하고 충분한 논리로 협상을 성공한다."는 비즈니스 목적을 달성하기 위함이다. 이 과정에서 여러분이 상대방에게 품위 있는 비즈니스맨으로 이미지업 되는 것은 또 다른 부수적 혜택일 것이다.

비즈니스 유머, 약(藥)과 독(毒)

"숨막히고 긴장되는 비즈니스 상황과 공간에서 아이스 브레이킹(ice-breaking)으로 유머를 사용해 보신 적이 있는가?"

적시의, 적절한 유머는 한 순간 긴장감이 감도는 분위기를 무너뜨려 발표자인 자신의 긴장도 확 풀어지게 하여 일사천리로 성공적 발표를 만들기도 하고, 잘못 사용하게 되면 그 썰렁한 분위기까지 가중되어 발표 전체가 시쳇말로 폭망하기도 한다.

조직 내에서도 같은 업무능력을 가진 사람이라면 유머감각을 지닌 사람들이 더 호감을 받고 환대 받는다. '아이스 브레이킹(Ice-breaking)'으로 유머가 종종 사용되는데, 제대로 잘 사용될 경우에 비즈니스 파트너간 경계심을 낮추고 비즈니스에 윤활유 역할을 톡톡히 한다.

그렇다. 비즈니스에 있어 유머는 중요하다. 다만, 적절한 타이밍과 분위기를 잘 맞추어야 하고 더 중요하게는 상대방 비즈니스 파트너의 눈 높이에 맞추어야만 독(毒)이 아닌 약(藥)이 된다.

나는 업무상 대외협력을 위해 각국의 비즈니스맨들이나 해외상공회의소, 외교관 분들과의 만남이 잦다. 이때야말로 유머가 제대로 힘을 발휘한다. 한 십 여년 넘게 이 그룹들과 교류하다 보니 재밌는 사실을 알게 되었는데, 바로 나라별로 비즈니스에서 유머를 받아들이는 것에 차이가 있다는 것이다.

영국과 미국, 두 나라간 유사한 기본 성향은 비즈니스에서 감정표현 즉, 분노, 기쁨, 격렬함 등을 직접 드러내는 것을 소위 프로페셔널하지 못하고 비이성적이라 취급한다는 점이다.

그러나, '유머'에 있어서는 양국간 약간의 인식 및 방식 차이가 있다.

| 우회적이고 냉소적인 영국식 유머! |

미국, 영국, 독일, 북유럽 국가들은 커뮤니케이션 시 전후 맥락에 의존하거나 함축적이기 보다는 직접적이고 직설적이며 명확한 커뮤니케이션을 선호한다. 그러나 이 그룹 안에서도 영국은 다소 차이가 있다.

오랜 역사와 문화를 공유하고 지켜온 섬나라 영국인들은 미국인들보다는 좀 더 우회적이고, 암시적, 함축적 소통 방식을 내재하고 있다. 신사적인 영국인들이지만 종종 속마음을 알기 어려운 경우들이 생기고 그들의 메시지 행간의 의미를 파악해야 하는 경우들이 발생하는 건 이런 이유이다.

'영국식 유머(British humor)'를 이런 맥락에서 이해할 수 있다. 영국식 유머는 웃음기 거둔 '진지한 얼굴표정(deadpan)'을 짓고 빈정대며 비꼬고 역설적인 의미로 희화화하여 표현한다. 우회적 표현의 전통적 영국식 유머는 영국인들의 일상생활뿐만 아니라 비즈니스에서도 중요한 역할을 하며 유용하게 사용된다.

나에게 영국인하면 제일 먼저 떠오르는 분은 MBA 유학시절 Innovation 과목을 가르치던 Goffin 교수이다. 그야말로 전형적인 영국 신사같은 분이셨고 수업내용도 완벽하고 시작과 마무리가 가장 명쾌하고 명료했던 분이다. 대부분의 독일 교수들과 같이 수업의 내용에 들어가서는 매우 진지하셨는데 확실히 독일 교수들과의 차이점은 수업을 시작할 때 늘 가벼운 농담과 질문들로 유연하게 분위기를 시작한다는 점이었다. 그러고 보니, 많은 독일 교수님들은 수업도 모두 시작과 동시에 본론으로 직진하셨고 다들 진지했던 기억이다.

영국 비즈니스맨들도 프리젠테이션이나 대화를 시작함에 있어 '가벼운 대화(small talk)'나 유머로 시작하기를 좋아한다. 한편으로는 영국에서 상대방을 조롱하거나 경멸을 표시하는 무기로도 빈정거리거나 냉소적인 유머를 사용하기도 하므로, 이 점에 유의해야 한다. 예전에 영국의 공영방송인 BBC를 통하여 본 영국식 블랙 유머 중 하나는 "현대자동차는 냉장고에 바퀴를 달았다."라는 식으로 당시 성능 관련 이슈가 있었던 현대자동차를 패널들끼리 비하하고 조롱하는 유머를 하는걸 보고 놀랐던 기억이 아직도 생생하다.

| 가볍고 유쾌한 미국식 유머! |

미국은 250여년 이라는 짧은 기간에 수많은 인종과 민족들이 모여 다양한 문화와 언어 성향이 혼재되어 있어, 영국과 같은 역사적 공감대나 전통을 공유하지 못하였다. 커뮤니케이션에도 암시적 표현보다 모호성을 배재한 명확한 커뮤니케이션을 선호한다. 아무래도 비꼬며 냉소적이고 좀 어두운 영국식 유머보다는 가볍고 유쾌하고 낙천적인 편이다.

미국 동료들이나 비즈니스맨들도 대화 중 농담을 한 후, 상대방이 웃지 않는 경우나 소위 썰렁해지는 분위기에서는 상대방의 반응을 보면서, "Just kidding. (하하 농담입니다.)", "Never mind. (신경 쓰지 마세요.)", "I'm joking, by the way. (방금 농담이었어요.)"라는 표현으로 가볍게 상황을 모면한다. 비즈니스 파트너간 미팅 전 아이스 브레이킹을 선호하고 가벼운 주제 즉, 날씨와 같은 가벼운 담소를 나누는 걸 즐긴다. 프리젠테이션 발표 시작 또는 마무리에서도 간략히 짧은 카툰(Cartoon)이나 상징적인 유머를 담아서 내용을 강조하거나 발표 분위기를 부드럽고 유쾌하게 만드는 것을 선호한다.

일전 내가 인용했던 내용으로 예를 들자면 이런 식이다.

기업 임원간 대화에서,

- **재무이사:** "우리 직원들의 경쟁력을 높이고자 기술 교육에 대거 투자했는데 직원들이 퇴사해 버리면 어쩌죠?"
- **대표이사:** "글쎄, 만약에 투자를 전혀 하지 않고 직원들이 이 회사에 남는다면 무슨 일이 생길까?"

직원들에 대한 지속 경쟁력 강화를 위한 투자의 중요성을 강조하는 내용을 위해 단편 컷의 위트 있는 카툰을 인용했다.

| 핵노잼 독일식 유머 |

세상에서 가장 얇은 책이 '독일 유머집'이라는 속담이 있다. 암만 봐도 독일인들은 항상 진지하고 대체로 유머 감각이라고는 찾아보기 어려운 민족인 것 같다. 미국인들처럼 가볍고 센스있는 유머를 구사하지도 않고, 영국인들처럼 비꼬며 풍자적인 반어법을 많이 사용하는 유머를 구사하지도 않는다.

그러고 보니, 아무리 곰곰이 생각을 해봐도 독일 출신 동료들이나 예전 MBA 독일 친구들(대부분 독일기업에서 선발되어 MBA 학업을 수행하는 비즈니스맨들)이 유머를 하거나 프리젠테이션을 할 때, 유머를 활용하여 '아이스 브레이킹'했던 기억이 전혀 없다. 그나마 독일인들이 하는 유머의 경우, 주로 말하는 사람의 의도가 쉽게 드러나는 유머들이 대부분이다. 어찌 보면 한국의 '아재 개그'와 유사하다고나 할까? 아마도 아재 개그를 독일어로 하면 그나마 좀 통하지 않을까 싶다. 예상컨대 대부분 독일 사람들은 씁쓸한 미소를 지으며 반응할 것 같지만 말이다.

예로 이런 식이다.

- **질문:** 독일 사람들이 제일 좋아하는 숫자는?
- **대답:** Nine(9)

숫자 '9'는 독일어로 Nein(영어 No)과 발음이 '나인'으로 동일하다.

거절, 사양할 때에도 직설적이고 비판적인 독일인의 성향을 살짝 비꼬는 유머이다. 흠, 어떠한가? 우리네 아재개그와 코드가 비슷하지 않은가?

비즈니스에서는 당연히 독일인들은 늘 진지해야 한다고 생각하기에 업무 중 유머나 잡담하는 것을 좋아하지 않는다. 상대방에 대한 웃음과 호감의 표현도 다소 어색해한다. 독일 비즈니스맨들은 네트워킹 모임에서조차 지나친 유머나 잡담하는 것을 별로 좋아하지 않는다. 반면에 정치에 관한 토론과 논쟁을 좋아하고 즐긴다.

독일의 이웃국가들인 네덜란드, 스위스 그리고 오스트리아 사람들조차 "독일 사람들은 항상 진지하고 심각하며, 정확하게 일을 처리하는 데에만 관심이 많다."라고 독일인들을 평할 정도이다.

독일인들 자신도 그들의 지리적, 역사적, 문화적 이유들로 인해 본인들이 다른 나라 사람들보다 즐길 줄 모르고, 덜 재미있다고 스스로를 평가한다.

유학 기간 동안 세계 각국에서 온 동료 학생들이 주최하는 다양한 파티들이 많았는데, 학생들 사이의 불문율이 "독일 친구가 주최하는 파티는 재미없으니 절대 가지 마라!"는 것이었다. 어쩌다 파티에 참여하는 독일 친구들은 중앙 무대가 아닌 항상 외곽에서 맥주병을 들고 삼삼오오 모여 토론하고 얘기하는 경우들이 대부분이었다. 그나마 독일 사람들이 즐기는 행사들로는 지역 카니발 행사들이나 지역별 맥주 페스티벌 정도이다. 카니발 행사는 대부분이 고전적이고 전통적인 퍼레이드 행진 중심이고, 그나마 좀 자유롭고 유쾌한 분위기의 캐릭터로 분장한 사람들이 구경하는 사람들을 놀래키며 함께 소리를 지르는 정도였다.

카니발 이야기를 하니 나에게 재미있는 기억으로 남아있던 '파싱축제(Fasching, 사육제)'가 생각난다. 봄을 맞이하며 겨울의 악귀들을 쫓는 의미가 있지만, 이날 만은 권위에 맞서는 것이 허용되는 풍습이 있어 남성의 권위에 맞서는 의미로 여성들이 남성들의 권위 상징인 '넥타이'를 자르는 풍습이 있다. 당연히 MBA 남성 교수님들도 이날 만은 넥타이 커팅을 피할 수 없었는데, 남녀를 떠나 모두 유쾌하고 즐거웠던 기억이다. 나는 가끔 독일분들과 아이스 브레이킹 할 때, 이 재미있던 추억을 소환하곤 한다.

이처럼 유머는 국가, 문화에 따라 차이가 있다. 특히나 비즈니스에서 유머를 받아들이는데 문화적으로 큰 차이가 있다.

상대방, 장소, 자리에 맞게 적시에 던지는 '유머'는 비즈니스에 있어 한 방에 긴장된 분위기를 풀어주고 누구보다 당신을 센스있는 파트너로 만들어 준다. 다만, 상대가 누구인지, 상황이 어떠한지에 따라 '유머'가 항상 통하는 것은 아니기에 이를 감안하여 '유머'를 전략적으로 활용하기 바란다.

기억하자. 영-미 비즈니스 발표 시에는 시사유머나 풍자만화, 가벼운 담화로 시작하면 대체로 좋은 분위기를 유도할 수 있다. 특히 미국의 경우는 유머로 좋은 분위기를 유도할 가능성이 꽤 높으

니 많이 활용하도록 하자.

반면, 독일 비즈니스 미팅이라면 발표 시 유머 활용의 성공률이 매우 낮다는 것을 잊지 말기 바란다. 이 경우 오히려 아이스 브레이킹 없이 단도직입적으로 바로 본론으로 점프해 들어가는 것을 적극 권장한다.

공(公)은 공, 사(私)는 사!

나에게는 특별한 인연의 지인이 있다. 그녀는 독일인이다. 한국 사람으로 태어났지만, 어린 시절 독일인 양부모에게 입양되어 독일인으로 자랐다. 우여곡절 끝에 천만다행으로 방송을 통해 한국의 친어머니와 자매들을 찾게 되었는데, 오랜 기간 서로 다른 언어와 삶의 방식으로 살아왔기에 그간의 절절한 가족애를 나누기에 옆에서 보기 안타까울 정도로 상호 의사소통의 어려움이 컸다. 이분들은 주로 전화 통화보다는 편지로 소식을 주고 받았다.

독일 유학기간 동안 이 지인과 가끔씩 만나 함께 시간을 보냈다. 만나면 주로 지인의 한국인 친어머니와 자매에게 보내는 편지를 한글로 번역, 작성해주는 것을 도와주곤 하였다. 독일에서 체류하며 나중에 자연스럽게 지인을 이해하게 되었지만 초기에는 그녀의 사고방식과 행동들이 한국인 입장에서 다소 이해가 되지 않아 당황스러웠던 기억들이 있다. 가끔 그때 생각을 하면 미소를 짓게 된다.

"0월 0일 오후 3시에 ○○카페에서, 한국의 어머니께 보낼 한글 편지 작성 도움을 받고자 만났으면 합니다."라고 그 지인으로부터 연락이 왔다. 당시 나는 MBA 과정 초반기라 매일매일 몇 십 페이지의 두꺼운 영어 원서와 케이스 자료들을 가지고 씨름하던 상황이었지만 다른 부탁도 아니고 한국의 친어머니에게 보낼 편지를 작성하는 일이니 바쁘지만 흔쾌히 시간을 내서 도와주었다. 더불어 내 입장에서도 어렵게 시간을 냈으니 만나서 밀린 대화도 나누고 그간 궁금했던 독일 생활에 대해서도 물어보며 여유롭게 맥주 한잔이나 저녁을 함께하면 좋겠다고 생각했다.

약속 당일에 슈투트가르트 시내 디저트 카페에서 만나 우선 그녀의 한국 가족에게 보낼 편지를 한글로 번역하는 일을 함께 했다. 한 40여분 정도 걸려 정성스럽게 편지 작성을 마쳤다. 그리고 한 15분여를 지인과 함께 가벼운 근황 이야기를 나누었는데, 갑자기 부랴부랴 짐을 싸며 지인이 말하였다.

"오늘 너무 고맙습니다. 다음에 또 만납시다."라며 먼저 일어나는 것이 아닌가.

"어? 이야기 좀 더 나누고, 저녁이나 함께 하지요." 했더니, "친구와 함께 영화를 보고 저녁을 먹기로 했다."고 하며 말씀드린 것처럼 오늘은 편지 번역 때문에 만나자고 했고 일을 마쳤으니 먼저 일어나겠다며 자리를 떴다.

"어, 이건 뭐지?" 힘들게 오후 스케줄을 모두 빼고 시간을 낸 나는 다소 당황스러웠다.

독일인인 그 지인의 입장에서는 미리 이메일로 협의한 용건이 종료되었으니 자리에서 먼저 일어난 것은 전혀 문제가 없는 것이다. 다만 한국인인 내 입장에서는 해당 용건을 도와주면서 독일에 공부를 하러 온 지 얼마 되지 않았기에 궁금했던 사항들에 대해 조언을 들으며 적어도 2~3시간 정도는 당연히 같이 시간을 보낼 수 있으리라 예상했던 것이 빗나간 것이다.

비슷한 일들이 특히나 독일 체류 초반에 많았는데 독일인의 사고방식과 인간관계 방식이 한국적 정서와 맞지 않아 적응하는데 어려움이 컸다. 이후 글로벌 비즈니스 문화를 배우고 언어와의 강한 연계성까지 깨닫고 거기에 내가 몸소 겪은 경험들을 더하니 글로벌 파트너들을 다양한 측면에서 더 잘 이해할 수 있게 되었다.

| 언어와 사고방식, 그 밀접한 관계 |

독일의 언어철학자인 '빌헬름 훔볼트(Karl Wilhelm von Humboldt)'는 한 국민의 사고방식이나 세계관이 다른 국민의 그것과 차이가 나는 이유는 두 국민들이 사용하는 '언어구조'가 다르고, 그들의 고유한 언어를 통해서 세계를 바라보는 관점 즉, '언어 세계관이 서로 다르기 때문'이라고 봤다. 즉, 언어와 사고는 밀접한 관계를 가질 뿐만 아니라, 언어가 인간이 세상을 인식하는 방법인 세계관까지도 영향을 끼친다는 것이다. 언어가 세계관 형성에까지 영향을 끼친다니 놀라울 따름이다.

독일어, 고대영어는 단어의 형태가 변하며 문법적 관계를 나타내는데, '성(남성, 여성, 중성)', '수(단수, 복수)', '격(주격, 소유격, 목적격)', '시제' 등에 따라 어휘 형태 변화를 갖는다. 독일어는 매우 복잡하고 다양한 문법규칙과 문장에서 비교적 정해진 어순을 매우 엄격히 준수한다. 언어적 성향에 더하여, 독일은 '보편주의(일관된 법과 규칙을 선호하는 경향)', '개인주의', '중립주의(이성이 감정을 지배하는 경향)', '성취지향주의' 성향을 지니고 있다.

이러한 언어적, 문화적 성향은 우리가 '독일'하면 떠올리는 보편적 이미지들 즉, 시간엄수, 차가운 인상(주로 독일 병정과 비유가 많이 된다), 완벽주의, 정직함 등으로 오랫동안 발현되고 정형화되어 온 것이다. 사실상 내가 독일에서 지내면서 느끼고 경험한 독일인, 독일의 이미지도 이와 크게 다르지 않다.

다시 나의 그 지인 이야기로 돌아가 보자. 그녀의 외모와 생물학적 유전자는 우리와 같은 한국인이다. 독일에 입양되어 독일어를 일상적으로 사용하고 독일 가정과 학교에서 독일식 교육을 받으면서 자라왔기 때문에 나와는 전혀 다른 말 그대로 독일인의 사고 및 행동방식을 갖게 된 것이다.

그 이후로 그 지인과 약속을 하게 되면 나는 한국식 온정주의, 감정주의적 방식이 아니라 독일 방식으로 상호간 목적과 내용을 명확하게 사전에 전달하였고, 만남이 훨씬 더 생산적이고 유쾌해졌다.

"오늘 오후에 만나서 편지 번역을 마치고, 시청 근처에서 크리스마스 마켓이 열린다고 하니 함께 시장을 둘러보고, '글루바인(Glühwein, 데운 포도주)' 한잔 합시다." 이렇게 직접적이고 명확하게 말이다.

기억하자, 내 상대 파트너의 성향을 먼저 파악하고 비즈니스 방식을 결정하라. 여러분은 지금 사(私)를 중시하는 상대에게 계속해서 공(公)을 강요하고 있지는 않은가? 비즈니스 관계가 왠지 원활하지 않다면 이 부분을 먼저 점검해 볼 일이다.

저(低)맥락 vs 고(高)맥락!

글로벌 회의 발표나 아젠다 논의 시 손을 번쩍 들고 발표 진행이 어려울 정도로 질문을 유독 많이 하는 동료들이 있다. 주로 미국, 독일, 북유럽 파트너들이 이런 성향을 보인다.

내용에 따라 자신의 견해를 관철하기 위해 공격적으로 발표를 하거나 날카로운 질문도 많이 하지만 어떤 때는 "저 친구는 무슨 저런 기본적인 걸 질문할까?"싶어 언짢은 때도 솔직히 있다. 아무튼 나의 경험에 기본적으로 이들 그룹은 질문도 많고 자신들의 견해 표명에 자유롭고 적극적이다.

반면, 웬만해서는 질문을 하지 않고 조심스럽게 자신의 견해를 표명하며 손으로 턱을 괴거나 진지한 모습으로 동의 표시를 하듯 고개를 끄덕이는 그룹은 주로 나를 포함한 아시아 그룹이다. 이중에서도 일본은 웬만해서는 질문을 하지 않고 중국 동료들은 그래도 할 말이 있는 경우에는 적극적으로 의견 개진을 하는 편이다. 물론 개인차는 있겠으나, 대체로 그룹의 성향은 예나 지금이나 크게 다르진 않은 것 같다.

| 직접적 vs 간접적 커뮤니케이션 |

직접적이고, 명확한 커뮤니케이션을 하며 분석적, 논리적 사고를 선호하는 문화가 있고, 반대로 우회적이고 비언어적 제스처와 상징들을 통한 함축적인 커뮤니케이션을 선호하는 문화가 있다.

미국의 인류학자 '에드워드 홀(Edward T. Hall)'은 이러한 경향을 각각 '저맥락 문화(Low-context culture)'와 '고맥락 문화(High-context culture)'라 칭하였다. '고-저맥락 문화'는 말 그대로 타인과 소통함에 있어 앞뒤에 발생하거나 주어진 상황, 맥락에 대한 의존도가 높은지, 낮은지에 따라 분류되는 성향을 말한다. 이를테면, 소위 "행간을 읽어야 하는가?", 또는 "말한 내용과 상황만을 액면 그대로 받아들이는가?"를 기준으로 성향을 나누어 이해할 수 있는 것이다.

| 직접적이고 명확한 저(低)맥락 문화 – 영국과 미국 |

의사 소통 시 전후 상황에 의존하지 않는 문화(저맥락 문화)에서는 사람들이 분석적이고 직선적 사고논리를 보인다. 이들은 직접적이고 명확하게 커뮤니케이션 하는 것을 선호한다. 듣는 사람 입장에서 말하는 사람의 의도를 이해하거나 해석하는데 별다른 경우의 수 없이 그대로 받아 들이면 된다.

더불어 이 문화적 성향의 사람들은 비교적 개인주의적 성향이 강하며, 정보의 형평성과 공평성을 추구하고 구두보다는 문서로 정보를 주고 받는 것을 선호한다. 미국, 영국 등 앵글로색슨계 국가들, 독일, 네덜란드 등 북유럽의 프로테스탄트(신교) 국가들이 이 문화에 속한다. 이들은 비즈니스에 있어서도 '직접적인(Direct)' 방식으로 의사 전달을 하고 애매 모호하거나 우회하는 표현방식은 지양한다.

여러분의 비즈니스 파트너가 이 그룹에 해당 된다면, "Yes.", "No.", "You're right. (당신 말이 옳소.)", "I don't agree with you. (당신 견해에 동의하지 않소.)"와 같이 나의 견해를 직접적이고 명확하게 전달해야 한다.

| 우회적이고 공손한 고(高)맥락 문화 – 한국과 일본 |

이들을 제외한 전세계 인구의 약 70%는 높은 상황 의존적인 커뮤니케이션을 한다. 즉, '고맥락 문화'에 속한다. 한국, 일본은 이 문화에 속한다. 이 문화권에 속하는 사람들의 특징은 통합적이고 직선이 아닌 우회하는 형태의 나선형적 논리로 사고하므로 직접적 커뮤니케이션보다는 우회적이며 간접적인 커뮤니케이션 하는 것을 선호한다. 이런 문화에서는 직접적인 표현이나 전달방법은 상대방에게 다소 불편함을 초래하고 무례하다는 생각이 들기 때문에 우회적이고, 공손한, 비언어적 제스처와 상징들을 통한 함축적인 커뮤니케이션을 하는 성향을 보인다. 한국인을 생각해보면 쉽게 이해가 갈 것이다.

애매모호함에 대해 관용적이고, 중의적, 다의적인 표현들이 기대되며, 상호간 전달하고자 하는 의미는 사회적 배경 및 환경에 더 많이 존재하기 때문에 '행간의 의미'를 잘 읽고 생각하며 해석해야 한다.

이 분류에서 특이한 점 중 하나는 고맥락이든 저맥락이든 각 문화권 안에서 남성들이 좀 더 저맥락 성향을, 여성은 좀 더 높은 상황 의존적 성향을 보인다는 것이다.

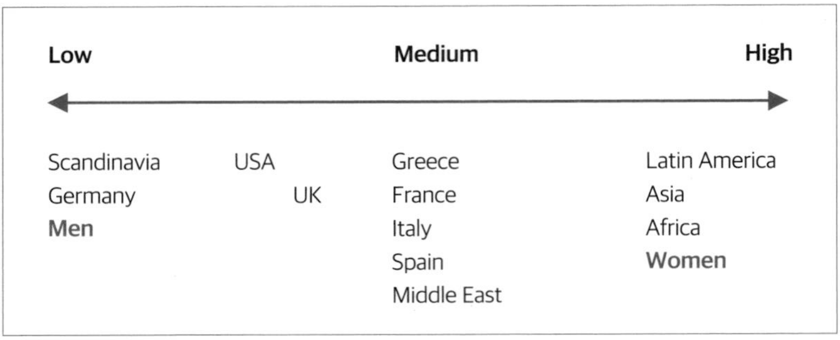

고-저 맥락 문화(High & Low-context Culture) 국가 분류
(출처: 몬타나대학 Jeff Shay 교수)

그렇다면 서로 다른 맥락 문화를 가진 비즈니스맨들이 만나서 함께 비즈니스를 하면 어떤 상황들이 발생할까? 예상할 수 있듯이, 낮은 상황의존적 문화를 지닌 비즈니스맨들끼리 만났을 때를 생각해보자. 머리 속에 미국인, 독일인을 떠올려 보라. 서로 비즈니스를 하거나 커뮤니케이션을 하는데 있어 이들은 훨씬 용이하다. 저맥락 문화권의 대표 국가인 이들은 직접적이고 모호성을 배제한 화법으로 교류 및 커뮤니케이션 하는데 덜 어려움을 겪는 편이고, 심지어 상호 국가간 동화도(이민자의 해당국 동화 정도) 측면에서도 타 국가대비 높다.

그렇다면, 반대의 경우도 시너지가 날까? 즉, “상황의존성이 높은 문화에 속하는 비즈니스맨들끼리 협력할 때도 시너지가 날까?” 이번에는 머릿속에 한국과 일본의 상황을 떠올려보자. 나의 업무 경험으로 볼 때, 상황에 따라 다소 차이가 있지만, 일반적으로 좋은 상황에서는 한국, 일본이 갖고 있는 고맥락 문화의 중의적, 간접적 비즈니스 방식은 상호관계를 원활하게 하는데 기여한다.

그러나 문제는 반대의 경우에 발생한다. 비즈니스상 첨예한 문제에 직면했을 때, 서로 상황의존성 높은 한국과 일본 문화는 비즈니스상, 대화, 협상 및 의사 결정에 더 많은 맥락이 관여 될 수밖에 없어, 저맥락 문화에 비해 상대적으로 더 많은 프로세스와 관련자들간 합의 도출에 많은 시간과 노력이 소모된다.

국제 비즈니스 환경에서 비즈니스 현안과 이슈에 대하여는 특히나 심각성, 위험도가 높은 이슈들일수록 '직접적'이고, '즉각적', '명료한' 커뮤니케이션이 훨씬 효과적이라는데 이견이 없을 것이다.

기업을 위협하는 대내외 이슈들에 대해 중의적 의미를 떠올리게 하며, 우회적인 표현과 상대방이 곤란할까 하여 에둘러 좋은 쪽으로 설명하려고 하면 할수록 논점에서 벗어나고 진짜 문제를 들여다보는데 타이밍을 놓치는 경우가 얼마나 많은가?

상대의 문화적 성향을 파악하고 그에 맞는 방식으로 커뮤니케이션 하는 것은 매우 중요하다. 그러나, 경영 리스크나 기업의 주요 이슈를 다룸에 있어서만은 중의적 의미나 행간의 의미가 아닌, 적시에 직선적이며 명확한 커뮤니케이션이 효과적임을 명심하자.

혹시라도 여러분의 비즈니스 파트너에게 무례할까 싶어 우회해서 말하거나 직접적인 의사 전달에 주저하는가?

그렇다면 "사람 참 좋고 예의 바른데 무슨 말을 하는 거지…" 라는 평을 들을 것인가? 아니면, "이 친구 좀 직선적이고 공격적이긴 한데 핵심은 명확한 파트너야."라는 평가를 들을 것인가? 이는 여러분 스스로 판단해보기 바란다.

글로벌 비즈니스 세계에서 어떤 쪽이 훨씬 경쟁력 높은 평가일지는 굳이 말하지 않아도 잘 아시리라 믿는다.

코코넛 vs 복숭아

독일 유학시절 유럽연합 의회를 방문할 기회가 몇 번 있었다. 유럽연합의 입법기관인 이 의회는 프랑스 '스트라스부르(Strasbourg, 독일명: 슈트라스부르크)'에 위치해 있는데, 이 도시를 방문했을 때 이 도시와 사람들이 주는 묘한 분위기에 이끌렸던 기억이 여전히 생생하다.

| 7차례 국적이 교체된 미스터리한 도시 |

스트라스부르는 여러분들도 잘 아시는 알퐁스 도데의 '마지막 수업'의 소설배경으로 잘 알려진 프랑스 북동쪽 도시다. 스트라스부르 길거리와 대학에서 만나는 이곳 사람들은 분명히 체형과 생김새는 라인강 건너편의 게르만계 독일 사람들과 비슷하다. 허나, 이곳 시민들의 성향은 독일인들과는 달리 개방적이고 자유분방하며 삶의 여유를 즐기는 모습들로 전형적인 프랑스 특유의 성향을 띤다. 이 도시의 복잡한 역사는 842년 프랑스와 독일의 역사 및 언어사에서 의미가 큰 독일-프랑스 군대간의 동맹서약인 '스트라스부르 서약(Oaths of Strasbourg)'으로부터 시작된다.

당시 두 나라 군대는 스트라스부르에 모여 상대방의 언어로 동맹서약을 교환했으며, 도시는 게르만 지역에 소속되었다. 이후 프랑스 대혁명을 거쳐 프랑스로 통합되었다가, 20세기에 이르기까지 무려 일곱 번이나 프랑스에서 독일로, 독일에서 프랑스로 수 차례 국적이 교차되는 기구한 역사를 지닌 지역이다. 원래 이곳에 살고 있던 사람들은 독일과 같은 게르만족이며 이들은 게르만어의 일종인 알자스어를 사용했다.

불현듯 궁금해졌다. "이들은 스스로를 프랑스인이라 생각할까? 아니면 독일인이라 생각할까?" 민족적으로는 독일과 같은 게르만 민족이지만 현재 이 아름다운 도시는 프랑스에 속하고, 또한 시민들 대부분이 프랑스어를 사용한다.

시간이 지나며 오늘날은 아주 연세가 많으신 일부 어른들만 게르만계 알자스어를 사용하고 있다 한다. 말하자면, 외모는 독일인인데 언어와 문화는 프랑스계인 독특함이 있는 것이다.

이 도시에서 20여년 넘게 거주 중인 한국인 지인에게 이 곳 사람들의 프랑스인과의 유사점과 차이점, 그리고 독일인과의 차이를 들을 수 있었다. 스트라스부르에 살고 있는 사람들은 일반적으로 프랑스인들과 같이 자유분방하고 흥이 많으며 놀고 먹고 마시는 것을 좋아한다. 이들은 현란한 제스처를 사용하고 상대방의 말이 다 끝나기도 전에 끼어 들면서 대화를 이어가는 성향이라 한다. 차이가 있는 부분은 프랑스인들에 비해 이곳 스트라스부르 사람들이 독립심이 더 강하다고 한다.

그 지인은 스트라스부르에서 사업을 하고 있다. 비즈니스 성수기에 가끔 현지인을 단기 고용하는 경우가 있는데, 인력들 대부분 업무시작 시간보다 일찍 도착해도 미리 업무를 준비하지 않고 주로 한껏 여유를 부리고 수다를 떨거나 화장을 하거나 핸드폰을 보다가 업무시작 시간이 다 되어서야 일을 시작한다.

업무시간보다 일찍 도착하여 생산성과 시간효율을 높일 수 있도록 철두철미하게 사전준비를 하고 업무에 임하는 독일 비즈니스맨들 성향과는 차이가 있다는 것이 지인의 설명이다.

| 코코넛 문화 독일인, 복숭아 문화 프랑스인 |

독일-프랑스를 이야기하니 재미있는 비유가 생각난다. 이 두 나라 민족을 대조적으로 극명하게 비교하는 표현들 중 과일에 비유하는 것이 그것이다.

독일계 미국심리학자인 '쿠르트 레빈(Kurt Lewin)'의 비유인데, 그는 독일인은 삶의 공간적 측면, 인간관계 측면에서 딱딱한 껍질을 가진 '코코넛'과 유사하다고 비유하였다.

코코넛 열매를 상상해보라. 외부인이 독일인들의 공간으로 접근하는 것은 딱딱하고 견고한 코코넛 껍질을 뚫는 것처럼 어려운 일이고 상대방의 허락을 필요로 하는 것이다.

독일인들은 공적공간이 상대적으로 적으며, 자기만의 사적공간이 크다. 외부인의 사적인 영역으로의 진입이나 인간관계 형성이 그만큼 어렵다는 의미이다. 아주 오랜 시간 신뢰를 쌓으며 관계를 형성해온 상대에게만 그들 대부분 자신의 사적공간을 허락한다. 그래서인지 독일인들은 "대부분의 친한 친구는 어린 시절부터 대학 이전까지 사귄 사람들이고, 어른이 되어서는 친구를 사귀는 것이 쉽지 않다."라고 본인들 스스로 말한다.

그러고보니 MBA 유학 시절 많은 독일 동료들과 함께 지냈지만, 그 중 가깝게 지낸 친구들의 경우에도 직접 자신의 집에 초대하는 경우는 매우 적었다.

확실히 남유럽, 라틴계 친구들에 비해 독일계 친구들과는 절친이 되기 어려웠고, 친구가 되는데 훨씬 오랜 시간이 걸렸다. 그럼에도 그들은 말한다. "한번 절친이 되면(즉, 코코넛 껍질 안으로 일단 들어가면) 독일인들은 집안의 거의 모든 사적공간까지 기꺼이 친구들에게 개방하고 제공한다."고.

반대로, 프랑스인은 과일 중 '복숭아'에 비유된다. 부드러운 껍질과 과육처럼 자신 삶의 동심원 즉, 자기영역에 쉽게 타인이 들어오는 것을 허락하고 우호적인 감정과 친밀함을 표시한다.

프랑스인들은 상대적으로 다른 사람과 공유하는 공적 공간이 많다. 더불어 어느 정도 안면이 있는 친구 사이가 되면, 프랑스 사람들은 자연스럽게 신체접촉이 이루어지고, 서로의 뺨을 맞추는 그들 특유의 '비주(Bisous)' 인사를 주고 받는다.

쉽게 받아들이는 듯 보이지만, 그럼에도 복숭아 중앙의 단단한 씨와 같이 프랑스 사람들은 내재된 개인의 프라이버시인 내밀한 부분은 개방하지 않는다.

쉽게 친구가 될 수는 있지만, 그 속의 내면은 오히려 더욱 알기 어려운 사람들이 바로 프랑스인들이다.

| 언어로 들여다보는 인간관계 |

국가별 개인 성향의 차이를 확인하니, 인간관계에 대한 호기심이 발동했다. 각 국가가 사용하는 언어에 내재된 인간관계는 대표적으로 '개인주의(Individualism)'와 '공동체주의(Communitarianism)'로 나누어 볼 수 있다.

우선 한국어는 영어와 달리 '나'보다는 '우리' 화법이 더 발달되었고, 나의 주체적 의사표현 중심이라기 보다는 상대방(듣는 사람)과 주변사람에 대한 관심을 우선 나타낸다.

이제는 많이 희석되었으나, 한국인의 사고방식 기저에는 유교적 전통과 관계중심 문화가 내재되어 있고 이로 인해 우리의 위대한 언어 한글은 전 세계 어느 나라 언어보다 존칭어가 발달되어 있다.

아마도 이러한 차이를 가장 확실히 볼 수 있는 것이 소유에 대한 표현들일 것이다. 우리는 관계중심적이며, 공동체사회의 전통이 언어에 투영되어 분명히 '나의 소유' 임에도 '우리(We, our)'라 표현한다. '우리 차', '우리 집', '우리 회사'와 같이 말이다.

반면, 영어와 같이 주체를 명확히 하며 동사를 앞에 배치하는 언어적 속성은 문화적으로 '공동체'보다는 주체인 '개인'을 우선시하는 개인주의적 문화를 형성한다. 자신의 행동과 결론이 되는 동사가 항상 문장 앞에 위치해 나의 결론을 먼저 상대에게 밝힘으로써 우회적이기보다는 직접적, 명확한 커뮤니케이션을 지향한다.

소유 표현에 있어서도 나의 차, 나의 아버지의 집, 나의 회사 등과 같이 소유 주체가 명확하며 개인주의적 성향을 잘 드러낸다.

비즈니스계(界)에서 어떤 언어를 모국어 또는 모국어 수준으로 사용하느냐에 따라 그 비즈니스맨의 머릿속에 코드화된 언어와

그 사고 및 표현방식에 차이가 난다. 비단, 개인의 속성에만 국한되지 않고 기업의 비즈니스 방식 즉, 협상, 토론, 결정 방식에도 언어적, 문화적 상이한 특성은 긴밀한 영향을 끼친다는 것을 먼저 이해하자.

이종문화팀(Cross Cultural Team)의 경쟁력

유럽에서 개최되는 국제 컨퍼런스에 참석했을 때, 유럽 발표자가 아이스브레이킹 차원에서 했던 농담이다.

- **발표자:** “3개 언어를 구사하는 것을 뭐라고 하지요?”
- **청중:** “Trilingual! (삼중 언어 사용자)”

- **발표자:** “그럼 2개 언어를 구사하는 것은?”
- **청중:** “Bilingual! (이중 언어 사용자)”

- **발표자:** “자 그럼 1개 언어만을 사용하는 것은?”
- **청중:** “Monolingual! (단일 언어 사용자)”

• **발표자:** "틀렸습니다. 정답은 American(미국인)입니다."

유럽연합은 다중언어주의와 상호문화주의를 지향한다. 이에 반해 미국은 전세계의 다양한 인종과 민족이 뒤섞여 형성된 '인종 용광로(Melting pot)' 사회 임에도 많은 미국인들은 영어 외에 다른 언어를 적극적으로 배우지 않고 평생 영어 하나만 사용한다. 앞선 상황은 바로 이러한 미국인의 성향을 유럽 발표자가 풍자한 것이다.

| 무려 24개 공식언어를 인정하는 유럽연합 |

유럽이 한번도 통일된 적이 없다는 것을 아는가? 유럽 내 다수의 국가들은 오랜 역사를 통해 대규모 민족 이동과 전쟁을 겪으며 문화교류와 전파가 이뤄졌고 그 결과 지역별로 민족과 언어가 더욱 다양하게 분화되었다.

이런 이유로 유럽연합(European Union)에서는 비공식적으로 영어, 프랑스어를 주로 사용하지만, 27개 유럽연합 회원국(영국 탈퇴로)의 24개 언어 모두를 공식언어로 채택하여 사용하고 있다.

"24개 공식 언어라니…" 글쎄, 그 다양성은 존중할 만하지만 한편으로는 효율성 측면에서 얼마나 떨어질까 하는 생각도 솔직히 든다. 그도 그럴 것이, 유럽의회의 각종회담과 조약체결에 있어

통-번역에만 2조 가량의 막대한 비용지출을 하고 있으니 말이다. 이외에 시간지체의 문제점들도 있다. 그럼에도 불구하고 유럽연합은 왜 27개 회원국의 개별 언어를 모두 공식 언어로 고수하는 걸까?

한스-유르겐 크롬 교수는 언어를 배우지 않고도 문화를 이해할 수 있지만, "해당 지역의 언어를 배우면, 그 사회의 중요하거나 특수한 것에 대해 더 잘 이해할 수 있다."고 하였다.

말하자면, "새로운 언어를 배우면 그 언어 배경의 문화적 가치와 사람들의 행동양식에 대해 더 잘 이해할 수 있다."는 것이다.

모국어 외에 다른 외국어를 배움으로써 기존의 세상을 보고 해석하던 방식에서 외국어와 외국어에 내재된 문화를 통해 새로운 방식의 해석과 이해의 폭을 넓힌다. 점차 삶과 비즈니스의 문제들을 다각도로 이해하게 되며, 해결방식에 있어서도 차이와 변화가 발생한다.

다른 언어를 쉽게 배우는 사람들은 낯설고 새로운 상황에 대한 두려움이 적고, 미지의 세계에 대한 호기심이 강해 다른 문화에 더 개방적이며 낯설고 새로운 상황을 극복할 수 있는 능력을 배양하게 된다.

모든 언어에는 그 언어를 사용하는 지역과 사람들만의 특수한

문화적 지식과 경험들이 포함되어 있기 때문에, 한 언어를 배움으로써 그 언어가 포함하고 있는 다양한 지식과 경험도 같이 습득하게 되는 것이다.

따라서 “다양한 언어를 구사하는 능력은 기본적으로 의사소통능력을 향상시킬 뿐만 아니라 낯선 새로운 문화에 대한 적응능력과 개방성을 향상시킨다.”

다른 문화에 적응하는 능력인 ‘이종문화성’의 향상은 자기가 구사하는 모국어와 다른 언어를 구사하는 능력을 통해서도 가능하므로 유럽연합은 ‘다양성의 통합’의 관점에서뿐만 아니라 개인들의 개방성과 새로운 상황에 대한 적응능력을 배양하기 위해서 ‘다중언어주의(Plurilingualism)’와 ‘상호문화주의(Interculturalism)’를 지향하고 있는 것이다. 바로 이러한 이유로 수 조원의 비용에도 불구하고 유럽연합이 27개 회원사의 언어 모두를 공식언어로 채택하고 있는 것이다.

유럽연합집행위원회는 “더 많은 언어를 사용할수록 더 폭넓은 인간이 된다.”라는 슬로건 아래, 다중 언어사용을 위한 프로그램들을 운영하고 있으며 이는 다양한 민족과 서로 다른 이질적인 문화들로 어우러진 유럽이라는 상호문화주의적 관점과도 그 맥을 같이 한다.

단적으로 이러한 철학이 정책에 반영된 것이 유럽연합의 '모국어+2 정책'이다. 이는 모든 유럽 시민들이 자신의 모국어 외에 두 개 이상의 외국어를 더 구사할 수 있도록 하자는 취지다. 이를 위해, 유럽연합 내 유아시설과 초등학교에서부터 적어도 두 개의 외국어를 가르치도록 하고 있으며, 더 많은 유럽시민들이 모국어 외에 두 개의 외국어를 더 구사할 수 있도록 학교 교육뿐만 아니라 직업교육 및 평생교육 과정을 운영하고 있다.

이런 유럽연합의 '모국어+2 정책'은 유럽기업들에게도 적용되고 있다. 우리가 독일에서 MBA를 마치고 유럽기업에서 경험을 쌓고자 독일 및 유럽 기업들에 대한 채용 정보를 검색하여 지원한 적이 있는데 유럽의 많은 기업들이 3개 언어 구사 능력을 채용 우대 조건으로 기재한 곳이 많았다.

Background of the successful candidate:

- Previous experience as a marketing/communication manager for a similar organisation would be a strong advantage.
- Highly articulate individual with excellent written communication and presentation skills are essential.
- Being very creative in using all tools and possibilities of communication.
- Being very well skilled with all kinds of digital communications and social media.
- Good knowledge of agriculture and farmers behaviour and attitude.
- Good knowledge of Dutch, French and English language.
- Bachelor degree qualification as minimum, University level of thinking and operate is needed.

고용형태
풀타임

직종
마케팅

유럽 기업의 3개 언어 우대 잡 포스팅
(출처: LinkedIn)

서로 다른 문화의 사람들이 만났을 때, 상호간에 상이하고 이질적인 문화를 가장 먼저 느끼게 만드는 주목할만한 차이점이자 장벽은 바로 '언어'일 것이다.

모국어와 다른 새로운 언어를 배운다는 것을 단순히 외국인과 커뮤니케이션하기 위한 수단 하나를 더 얻는다는 관점으로 접근해왔다면 '언어'가 갖고 있는 한가지 단면만 지엽적으로 본 것이다.

이제는 의사소통 수단의 의미를 넘어 하나의 언어가 내포하고 있는 해당 지역의 전통, 풍습, 규범, 역사, 종교, 철학 등을 더 깊게 이해하고 통찰하기 위한 대상으로써 '언어'를 대하고 가치제고를 새롭게 해야 한다.

| 혁신기업들이 주시하는 이종문화업무팀 |

비즈니스 측면에서 생각해보면, 선도적인 다국적 기업들은 조직의 경쟁력을 높이기 위해 '다중언어주의'와 '상호문화주의' 관점에서 다양한 언어와 문화 배경을 가진 인력을 활용한다.

그 사례 중 하나가 바로 조직 내 '이종문화업무팀(Cross-cultural Task Team)' 구성이다. 주로 신제품 개발 및 디자인, 글로벌 마케팅, 이노베이션 프로젝트 수행 등에 이 제도를 적극 활용하고 있다.

미국의 한 마케팅 회사는 각 프로젝트에 타깃 고객층의 문화에 익숙한 마케터와 이질적 문화적 배경을 가진 마케터를 동시에 배정한다. 이로써 기존 틀에 박힌 정형화된 방식에서 새로운 접근 방식과 아이디어를 도출해 내는 것이다.

우리에게 '벤츠(Benz)' 브랜드로 잘 알려진 독일의 자존심, 다임러벤츠사(社)도 신차를 개발할 때, 유능한 독일 디자이너들과 함께 전세계 주요 시장의 다양한 문화, 경험, 경력을 가진 디자이너들을 함께 고용한다. 이들은 협업하며 글로벌 각국의 고객들이 선호할 디자인 모델을 수렴하고, 그 결과 전세계 고객들이 선호하는 자동차 디자인을 완성도 있게 선보인다.

이러한 '이종문화업무팀'은 단일 언어와 문화를 기반으로 하는 '단일문화업무팀'보다 초반에는 적잖은 충돌과 갈등을 발생시킨다. 이는 주로 서로 상이한 문화에 대한 이해부족, 커뮤니케이션 오류 등이 주 원인이다. 하지만 팀이 어느 수준의 상호이해와 신뢰단계에 이르게 되면 '단일문화업무팀'보다 훨씬 더 창의적이고 혁신적인 수준 높은 성과를 도출하게 된다.

네덜란드 출신의 '헤이르트 홉스테드(Geert Hofstede)' 교수는 국가문화 모델을 정립하였는데 즉, **다양한 이종문화를 접한 사람들이 그들 자신의 문화만을 접한 사람들보다 업무성과에서 훨씬 좋은 결과와 시너지를 창출한다고 보았다.**

홉스테드 교수는 특히 '불확실성 회피성향이 낮은 문화(Low Uncertainty Avoidance Culture)'의 비즈니스맨들이 혁신적인 아이디어를 만들어내고, '불확실성 회피성향이 높은 문화(High Uncertainty Avoidance Culture)'의 비즈니스맨들은 그 혁신적 아이디어들을 발전시키고 실용화함으로써, 두 문화간의 시너지를 창출한다고 강조하였다.

두 문화가 서로 다른 장점과 약점을 가지고 있는데, '불확실성 회피성향이 낮은 문화'에서는 새로운 도전과 시도를 회피하지 않고 혁신을 도출해내는 장점이 있다. 그러나 이 혁신적 아이디어를 신제품이나 서비스로 발전시키는 제품화 능력에서는 약점이 있다.

반면에 '불확실성 회피성향이 높은 문화'의 비즈니스맨들은 새로운 시도와 혁신을 도출함에 다소 소극적이나 섬세하며 꼼꼼하기 때문에 시장과 고객의 새로운 요구를 잘 분석하고 대응하는 능력에서 장점이 있다는 견해다.

'이종문화업무팀'이 단일 언어와 문화를 기반으로 하는 '단일문화업무팀'보다 비즈니스계(界)에서 더 경쟁력을 갖는 이유이다.

오늘날 글로벌 경쟁사회 속 선진기업들은 다양한 국적과 문화를 가진 재능있고 실력있는 인력들을 유치하고 이종문화접근을 통한 혁신과 창의를 적극 강화하고 있다. 당신의 조직은 어떠한지 한 번 돌아보라.

PART 2

영어를 보라, 영-미 비즈니스 문화가 보인다!

영어를 유창하게 구사하거나 언어에 식견이 있는 사람들 대부분이 영어는 라틴어에 기본 뿌리를 두고 있다고 생각한다. 물론 영어에는 라틴어의 유산들이 많이 남아 있다. 그러나 오히려 현대영어는 게르만어와 프랑스어의 영향을 훨씬 더 많이 받았다.

현대 미국사회의 주류 그룹을 통칭하는 "와스프(WASP)"는 백인(White)+앵글로색슨계(Anglo & Saxon)+신교도(Protestant)를 일컫는 용어다. 현대 게르만계의 독일인과 영국으로 이주한 게르만계 색슨인들 사이에는 민족적으로 깊은 연계성이 있으며, 이웃하는 호전적이며 진취적인 게르만족들이 영어와 영국문화 형성에 많은 영향을 끼쳤다.

프랑스 북부 노르망디에 정착하여 프랑스어와 문화에 익숙해진 바이킹족 후예인 노르만족의 '정복왕 윌리엄(노르망디 공)' 군대가 1066년 영국을 침입하여 300여 년 동안 지배하면서 영국 귀족들과 일반 서민들은 노르만족이 이식한 '프랑스어'를 공용어로 사용하게 되었으며, 영어에 게르만어적인 요소들이 많이 상실되고, 체질이 크게 변질되어 프랑스어적인 성격과 특징을 많이 흡수하게 되었다. 현대 영어에 프랑스어와 유사한 단어들이 거의 2만여 개에 달하는 까닭은 바로 이런 역사적 배경 때문이다.

이러한 언어 융합과 대영제국의 해외식민지 개척, 미국의 패권적 역사로 인해 영어가 전 세계적으로 확산되었고, 여기에 다른 유럽언어들에 비하여 실용성, 정확성, 평등성, 간결성의 특징을 지닌 언어로써 국제 공용어로의 위상을 굳건히 하게 되었다.

나는 언어가 한 인간의 사고방식과 행동양식에 지대한 영향을 끼친다고 믿는다.

이 장에서는 이러한 영어가 보유한 언어속성과 고유가치가 오늘 비즈니스계(界)를 살아가는 영-미 비즈니스맨들에게 어떻게 발현되고 비즈니스 문화로 투영되는지 그 놀라운 싱크로율을 발견할 것이다.

언어를 통해, 영어를 통해 영-미 비즈니스 문화를 꿰뚫어 보자.

시작과 끝이 명확한 언어
'끝맺음이 완벽한 비즈니스맨들'

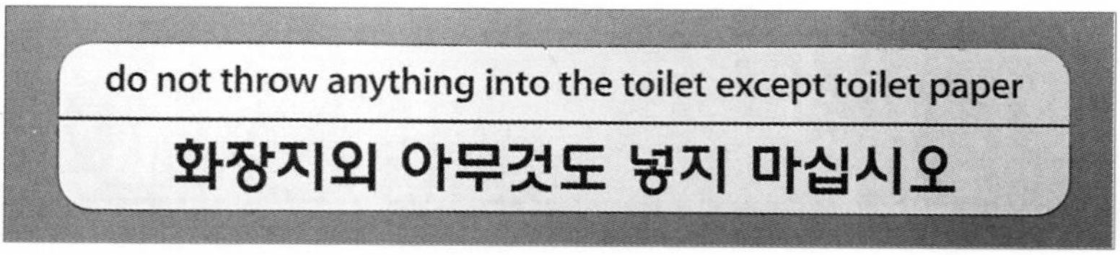

공공시설 화장실 내부 문구

얼마 전 부산 출장 길에 외국인 방문이 빈번한 한 공공시설 화장실 내부에서 찍은 문구다. 그냥 지나칠 수도 있지만, 이런 표현적 오류를 그냥 무심히 내보내고 처리하는 행정 부처의 꼼꼼하지 못함이 늘 아쉽다.

"문장 시작이 대문자(D)가 아닌 소문자(d)이고, 문장 끝에 마침표(.)가 없군." 그러고 보니 한글 문장에도 마침표가 없다. "에이 별

것 아니네"라고 생각할 수도 있다. 내용상 의미 전달은 충분히 되니 말이다. 허나, 인용하기에 좀 부끄럽게도 국내외 많은 사람들이 이용하는 지하철, 공공시설, 백화점, 병원 등에 부착된 영어 사인물에서 유사한 실수들을 쉽게 찾을 수 있다. 어떤 경우는 심지어 철자가 틀린 경우들도 있다.

학창시절 영어 선생님들이 자주 강조하는 것 중의 하나는 "영어는 대문자로 시작하고, 마침표(.)로 문장을 끝내야 한다."이다. 귀에 못이 박히도록 설명을 들었다. 영작문 시험의 경우, 영어 문장을 완성하고도 문장 끝에 마침표를 제대로 찍지 않을 경우 감점을 받은 경험도 있다.

영어는 "자! 문장 시작합니다."라는 신호로 항상 대문자로 문장의 시작을 알리고, 서술어에서는 마침표(Period)와 의문문에서는 의문 부호(Question mark)로 문장의 종료를 알린다. 기본 중 기본이지만 이메일, 회의록, PPT 문서에서 쉽게 누락되는 경우가 많다. 지금 바로 주변의 문서들을 살펴보시라.

기본에 충실한 것, 품격은 여기서부터 시작한다.

| 융통성 있는 언어, 한국어 |

최근 학교의 한글교육에서도 문장을 마치는 마침표(온점)에 대한 교육을 강화하고 있지만, 한국어는 영어와 다른 언어 속성 때문에 영어처럼 문장의 시작과 끝을 규칙화하는 것은 쉽지 않은 것 같다.

한국어는 커뮤니케이션 할 때, 생략이 많고 앞 뒤 문맥과 상황에 의존하여 이해하는 언어 문화군에 속한다. 이를 '고맥락 문화(High-context Culture)' 언어군(群)이라 칭한다.

반대는, 앞뒤 맥락에 비추어 유추하지 않고 직접적이며 명료한 커뮤니케이션 방식을 하는 언어로 '저맥락 문화(Low-context Culture)' 언어군이라 칭하고, 영어가 이에 속한다.

한국어는 완벽한 문장(Full sentence)이 아니어도 의사 소통에 문제가 없고, 문장 시작이든 끝이든 특정 규칙을 준수할 필요가 없다. 온점이든 방점이든 문장을 끝낸다는 신호가 없어도 의사소통에 전혀 문제가 없는 언어다. 앞의 공공건물 화장실 문구도 영어로 표현 되었지만, 한국어 방식에 익숙하신 분이 검수하지 않았나 싶다.

한국어 • 뭐 좀 마실까? (의도: 너도 뭐 마실래?)

영어 • I would like to go grab something to drink.
How about you?

한국인들이 영-미인들과 커뮤니케이션을 할 때, 만약 위의 의도처럼, "I would like to drink something and maybe…" 까지만 얘기하고, 구체적인 뒤 얘기를 안 하고 얼버무리면 아마도 영-미계 사람들은 상대방인 한국인이 어여 빨리 문장을 완성해 끝내 주기를 간절한 눈빛으로 불편한 신호를 보낼 것이다.

모호함을 싫어하는 영-미계 비즈니스맨들과 소통할 때에는 여러분의 언어 모드를 '고맥락 모드' → '저맥락 모드'로 변경해 주기 바란다. 또한, 말할 때 '하나의 완전한 문장'을 만들고, 시작과 끝을 명확히 해야함을 기억하자.

| 순차적 시간 문화 vs 동시적 시간 문화 |

문장의 시작과 끝을 명확히 하는 소위 완전한 문장을 만드는 것은 왜 중요할까?

영어를 모국어로 사용하는 영-미계 사람들은 한번에 한가지 일에만 집중하고, 순차적으로 사고하는 '순차적', '일원적' 시간 개념을 가지고 있다. 그래서 이들의 사고 방식을 '직선적 논리(Linear logic)'라 칭한다.

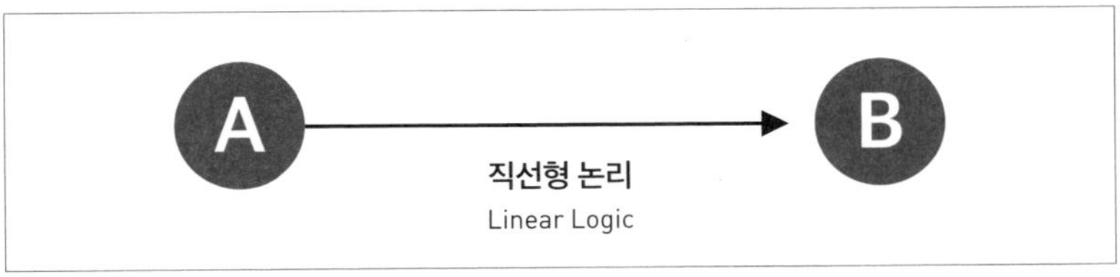

순차적, 일원적 시간 문화

이들의 순차적, 일원적 시간개념이 언어에도 투영되어 영어로 커뮤니케이션 할 때는 상호간에 문장의 시작과 끝을 정확히 알리며, 완전한 문장으로 마무리하고 다음으로 넘어가는 것이 중요하다. 나와 같은 한국인들의 멀티태스킹과 반대로 이들 영-미 비즈니스맨들은 전형적인 싱글태스커들인 것이다.

영-미 문화권의 비즈니스 파트너와 협력하거나 이들 기업에서 일한다면, 어느 경우라도 불완전한 문장을 만드는 일은 지양하시기 바란다. 항상 완전한 문장(full sentence)을 만들고, 한 번에 한 가지씩 완벽한 마무리를 하고 다음 업무 처리로 넘어가는 이들의 '싱글태스킹(Single-tasking)' 방식을 이해하자.

이와 반대되는 시간문화 개념을 가진 한국은 '동시적'이며, '다원적' 시간 개념을 갖고 있다. 확실히 동시 다발적으로 발생되는 외부 상황에 대해 다방면, 다원적으로 대응하는데, 우리의 언어인

동시적 시간 문화

한국어 역시 변화가 많고, 문장에서 많은 품사들이 생략되어 심지어 단어만으로도 상호 의사소통에 문제가 없을 정도로 융통성이 있다.

지금은 은행이나 관공서 등에서 업무 처리하는 방식이 번호표 발급으로 표준화되고, 업무도 순서에 입각해 처리된다. 그러나 얼마 전 까지만 해도 줄을 길게 서고, 고객 한 명의 업무 처리 중 관련 서류작성 등의 지연 상황이 발생할 경우 지체 없이 바로 뒷 고객을 호출하여 업무를 동시에 처리해 주는 방식이 흔했다. 한국식 멀티태스킹이 우리의 가장 큰 경쟁력이기도 하지만, 이런 성향이다 보니 순서를 준수하고, 앞 고객의 업무 지연 시 인내심을 발휘하는 문화가 정착되는 과정이 그리 쉽지만은 않았다고 본다.

독일에서 MBA 유학 중 가장 적응하기 힘들었던 부분이 바로 이런 하세월 하는 듯한 관공서, 기차역 직원들의 업무 처리방식 즉, 한 고객의 문제 사안이 완전히 해결될 때까지 다음 번 고객은 무조건 기다려야 하는 방식에 인내하는 것이었다.

순차적-일원적 시간문화를 가진 영-미계 문화도 다르지 않다. 이들 역시 은행, 기차 매표 창구 등 서비스 업종의 고객응대 창구의 광경은 독일에서 내가 경험한 것과 같이, 직원들은 앞 고객이 신청서를 다 쓰는 것을 일일이 도와서, 현재 고객이 업무를 다 마친 후에, 순서대로 다음 고객을 응대한다.

한국인의 상식으로, "앞 고객의 업무에 적지 않은 시간이 소요

될 수 있기에, 그 막간을 이용하여 뒤 고객의 간단한 업무는 처리해주면 좋으련만…" 하는 생각이 굴뚝 같지만, 이들은 전혀 그럴 의사가 없어 보인다.

영-미계 비즈니스맨들 역시 모든 업무활동은 일련의 순차적인 순서에 따라 하나씩 처리하는데 익숙하기 때문에, 다른 업무를 동시 다발적으로 처리하는 한국식 방식에서 종종 혼란을 느낀다. 당시에는 인내심 발휘가 쉽지 않았으나, 이들의 사고방식 즉, 영-미 비즈니스맨들의 직선적 사고방식, 싱글태스커(Single-tasker)로서 한 가지 아젠다, 한 가지 업무를 완벽하게 시작하고 마무리 후 다음 사안으로 넘어가는 방식을 이해하고서야 느긋하게 기다릴 수 있게 되었다.

유창하게 언어만 구사한다 하여 비즈니스 품위가 올라가지는 않는다. 언어의 내재된 속성을 보고, 이를 모국어로 사용하는 비즈니스맨들의 사고방식과 업무처리 방식에 대한 정확한 이해가 당신의 비즈니스 품격을 높이는 기반이 된다.

지금껏 무심코 넘겼을 영어 원칙들 즉, 완벽한 문장(Full sentence)으로, 시작은 대문자로, 끝맺음은 마침표로 정확하게 표현하는 것부터 시작하라. 또한, 이러한 언어 원칙이 영-미인들의 싱글태스커 성향과 연계되어 있음을 이해하자.

좌(左)에서 우(左)로 '직선적 사고방식의 싱글태스커'

영-미 비즈니스맨들은 전형적인 싱글태스커(Single-tasker)들이다. '직선적 사고'를 하기에 이들의 업무 처리방식은 순서에 입각하여 한번에 하나씩 사고하고 업무 처리하는 방식을 선호한다. 동일한 맥락에서 이들의 언어인 영어는 항상 '좌에서 → 우' 직선 방향으로 문장을 구성한다.

미국 비즈니스맨과 동행하여 한-독협회에서 주최하는 행사에 참석한 적이 있다. 이 행사에는 독일인들 뿐 아니라, 한국에 주재하는 다국적 기업의 글로벌 비즈니스맨들이 다수 참여하였고, 영-미 분들도 당연히 참여하였다.

등록을 하며 방명록에 이름을 기입하는 순간, 함께 동행한 미국인 지인이 한국식 세로 기입 방명록을 확인하고 잠깐이지만 고민하는 게 보였다. "어떻게 이 친구가 기입할까?" 하고 개입하지 않고 호기심을 가지고 살펴봤다.

한독협회 피크닉 행사 방명록

사진에서처럼, 앞서 한국 참석자가 본인 이름을 위에서 아래로 즉 세로(↓)로 적었음에도 불구하고, 그 미국인은 이어서 방명록에 자기 이름을 가로로(→) 기입했다.

나중에 주최 측에 양해를 구하고 방명록을 잠시 보니, 영-미계와 독일계 비즈니스맨들 모두 한국인 참석자와 달리 가로(→)로 자기 이름들을 적어 놓았다.

영국과 미국을 포함한 앵글로색슨계 사람들은 영어 단어와 문장을 쓸 때, 일직선상에서 A에서 B로 순차적으로 진행하는 그들

의 '순차적인 시간(Sequential Time)' 문화처럼 '꼭 왼쪽에서 오른쪽으로(→)' 일관되게 단어와 문장을 구성한다.

반면에 한글은 방향에 구애 받지 않고 '왼쪽에서 오른쪽으로' 문장을 써 갈 수 있을 뿐만 아니라, 영어와 달리, '위에서 아래로(↓)' 위에서 아래로 비스듬하게 사선으로 그리고 심지어는 '오른쪽에서 왼쪽으로(←)' 단어나 문장을 만들 수도 있다. 다양한 방법으로의 표현이 가능한 것이다.

업무상 프리젠테이션 발표자료를 만들 때, 한국인인 나는 제약된 공간을 맞추기 위해 영어지만 한글처럼 세로 정렬로 알파벳을 하나씩 분리해 쓰기도 한다. 그러나, 영-미 비즈니스맨들은 대체로 하이폰(-)을 연결해 가로로 분리해 쓰거나, 굳이 세로 기입이 필요한 경우라면 가로로 작성된 단어 박스를 90도 돌려 세로로 배치하는 방식을 취한다. 여전히 가로로, 왼쪽→오른쪽 기입 방식이다.

영어는 문장에서 '순서', '위치'가 문법적 기능을 하기 때문에, 말하는 사람이 문장구성에 신경을 써서 정교하게 문장을 구성하여 자신의 의도를 상대방에게 전달해야 한다. 문장 내 위치에 따라 동일한 단어가 주어가 되고 목적어가 되니 말이다.

| 'First come, first served.'(선착순!) |

영-미 국가에서는 '차례', '질서', '선착순', '줄서기'와 같은 문화가 잘 형성되어 있다. 대부분의 비즈니스맨들이 이해하고 있는 사회적 규칙이다. 그러나 이제 우리의 품위 있는 비즈니스를 위해서 한 걸음 더 깊이 들어가 이해해 보자.

영-미인들이 "줄을 잘 서고, 선착순 문화이다."라고 하는 그 기저에 영-미인들의 '합리주의적', '평등주의적', '직선적' 사고방식이 있다. 이러한 사고방식, 생각의 발현이 선착순, 줄서기 등의 사회 행동으로 발현된 것이다.

이러한 사고방식에 오랫동안 지대한 영향을 끼친 것이 이들의 모국어, '영어'의 언어 속성에 있다. 영어가 가지고 있는 '직선적 사고방식', '순서, 위치가 문법을 결정하는 원칙', 항상 '좌'에서 '우'로 향하는 언어구조가 오랜 시간 앵글로색슨계 문화에 내재되어 자연스럽게 '순서를 중시, 줄서기, 질서 문화'로 형성된 것이다.

'순서'에 입각한 업무 처리방식 즉, '한가지 업무를 완벽히 처리하고 다음 업무로 넘어가는 '싱글태스킹(Single-tasking) 방식'은 영-미계 비즈니스맨들의 필연적 행동방식이라는 것을 이제 이해할 수 있을 것이다.

나의 딸을 포함해 한국 어린이들에게 인기가 많은 '토마스와 친구들(Thomas & Friends)'은 가상의 '소도섬'에 설치된 철도망 위에서 활약하는 꼬마 기차들을 다룬 영국 TV 애니메이션 시리즈이다. 내가 비즈니스 문화와 언어 연계성에 대해 고민하지 않을 때에는 그저 "산업혁명의 발원지인 영국에서 가장 부흥했던 철도산업을 모티브로 한 재미있는 작품이네." 정도로 여겼다. 길게 뻗은 선로를 따라 이동하는 기차들의 에피소드는 이제 보니 영국인들의 '직선적 논리 및 사고구조'에 너무나 부합하는 작품이라는 생각이 든다.

| 위치 설명: 주변 대표 건물 기준 vs 도로명 기준 |

비즈니스상 약속장소를 정할 때나, 방문하고자 하는 고객에게 회사 위치를 설명할 때에도 이런 선의 논리와 직선적 사고 방식이 발현된다.

나를 포함해 관계지향적인 한국 비즈니스맨들은 약속장소나 회사위치를 설명할 때, 주로 상대도 잘 알고 있는 근처의 크고 유명한 랜드마크 건물이나 장소로부터 시작하여 "그 옆에, 그 뒤에…"의 방식으로 설명한다.

상대방의 연령이나, 성별 등에 따라 대표되는 건물이나 상징물을 기준으로 그 길로 쭉 올라 와서… 와 같이 건물간, 거리간 앞뒤, 상하 관계를 기반으로 설명하는 것이다. 나는 개인적으로 회사를 설명할 때 '종로 디타워'라 얘기해주지만, 위치를 잘 모르시는 연령 있으신 분들께는 근처의 유명한 '청진옥'이나 '종로구청'을 기준으로 설명하는 식이다.

반면에 영-미계 비즈니스맨들은 약속장소나 회사를 알려줄 때 특정 장소보다는 근처 큰 거리 이름 즉, 세종로, 종로, 을지로 등을 기준으로 설명을 시작한다.

이유를 물어보니, 영-미계 비즈니스맨들은 '도로', '숫자'로 표현하는 게 서로에게 가장 명확해서라고 한다. 어찌 보면 '직선의 논리구조'를 가진 이들이 '도로'라는 "직선 구조를 기반으로 사고하는 것이 당연하겠구나"하는 생각이 든다.

영-미 지역의 도로체계는 우리와는 달리 바둑판처럼 직선수직을 기반으로 하고 있다. 이 역시도 이들의 사고방식인 직선적 사고방식이 그 기저에 있지 싶다.

법무법인(유) 세종과 영국의 대표적인 로펌 Slaughter & May의 홈페이지에서 회사 위치를 어떻게 소개하고 있는지를 비교해 보자.

한국은 몇 년 전 새로운 도로명 주소체계를 도입하여 주요 도로를 중심으로 주소를 표기하고 있지만, 회사의 위치를 설명할 때 다음 그림과 같이 법무법인(유) 세종 주위에 어떤 '랜드마크 빌딩'들이 있는지를 방문객들이 쉽게 볼 수 있도록 표시하고 있다.

반면, 오른쪽 그림의 영국 로펌 위치도에서는 주변의 랜드마크 건물들보다는 해당 로펌이 주변 '어떤 도로들(직선)'과 연결되어 있

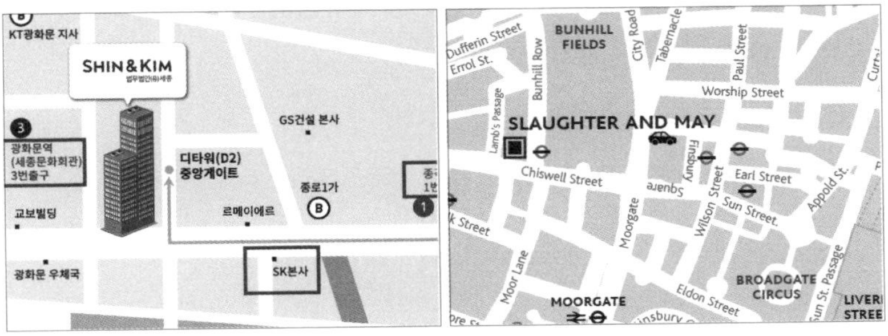

한국과 영국 로펌의 홈페이지 회사 위치 소개 비교
법무법인(유) 세종 찾아오는 길-약도(왼쪽), 영국 Slaughter and May 런던 오피스 위치 지도(오른쪽)

는지를 거리 중심으로 보여준다.

영-미계 비즈니스맨들의 직선적 사고방식, 순서 중시, 좌에서 우로 향하는 사고 체계를 이해하라. 특히, 비즈니스에 있어 이들은 한번에 한가지 업무를 완벽히 처리하고 다음으로 넘어가는 전형적인 싱글태스커 임을 이해하고 협력하라.

핵심은 항상 문장 앞에 '두괄식이 정답!'

지리한 토론이 이어지고 있었고, 나의 의견을 제시하기 시작했다. 사안의 현황, 배경설명, 우리의 상황과 결론을 머릿속으로 정리하며 전달해 갔다. 배경 설명할 즈음부터 내 앞에 앉은 미국, 독일계 팀원들의 인중에 주름이 잡히고, 앞으로 숙이고 집중하던 몸짓은 뒤로 넘어가 있다. 이제는 고개를 갸웃하더니, 모호한 표정을 짓는다.

유학시절 팀 프로젝트 회의의 한 장면이다. 몇 번의 시행착오 끝에 알게 된 사실은, 독일뿐 아니라 앵글로색슨계 비즈니스맨들과 토론 시에는 항상 결론을 먼저 제시하는 '두괄식' 화법을 써야 한다는 것이다. 즉, 나의 입장(결론)이 무엇인지 듣고자 했던 팀원들은 장황한 서두, 배경, 상황분석 등을 인내심 있게 들었으나 내가 무슨 얘기를 하고 싶은 것인지 전혀 파악하기 어려웠던 것이다.

"그래서 네가 하고 싶은 얘기는 뭐니?" 이렇게 속으로 다들 외치고 있던 것이다.

자, 여기서 결론만 먼저 전한다면, 영-미계 비즈니스맨들과 토론을 할 때 반드시 "핵심을 먼저 말하라." 앵글로색슨계 영-미 비즈니스맨은 말할 것도 없거니와 이들보다 좀 더 직접적이고 원칙주의적인 독일계 비즈니스맨들의 경우도 무조건 '두괄식 화법'이 진리다.

| 결론이 앞에 오는가, 뒤에 오는가? |

영어를 비롯한 게르만계 언어는 잘 아는 바와 같이 '주어-서술어-목적어(보어)' 순서이다. 주어가 전달하려 하는 의지와 주요 메시지는 동사 등 서술어에 거의 포함되어 있다. 즉, 말하는 사람의 의지나 행동, 결론을 가장 앞에 배치하여 전달하는 구조가 영어 전달방식의 기본으로 기호로 표현한다면 '▶'방식이다.

반면, 관계문화에 속하는 우리의 한국어는 '주어-목적어(보어)…-서술어.' 구조로 화자의 의지와 결론을 상대방과 상호 커뮤니케이션 하면서, 상대방과의 관계와 주어진 상황을 고려해가며 가급적 문장의 끝에 전달하는 구조이다.

역시 기호로 표현한다면, '◀'과 같다. 즉, 덜 중요한 것부터 중요한 것으로 발전하여 결론을 가장 뒤에 표현하는 접근방식이다. 그래서 그런 말도 있지 않나, "한국말은 끝까지 들어 봐야 된다."고.

영어 • I have to go to office early today, because I have an important conference. → 핵심내용이 앞에 위치

한국어 • 나는 오늘 중요한 회의가 있어서, 일찍 회사에 가야해. → 핵심내용이 뒤에 위치

앵글로색슨계 사람들은 글이나 기사를 작성하는 경우 화자의 생각이나 의견 그리고 글의 핵심내용을 글의 문두에 밝히는 '두괄식' 구조를 선호한다.

"선(先) 결론도출, 후(後) 논리설명 방식"이다.

또한, 이러한 언어구조 및 글쓰기 방식은 '시간'을 다른 무엇보다 소중하게 여기는 영-미계 사람들의 시간관념과도 이어져 있다. 토론을 하든 글을 읽든 상대방이 말하는 사람의 핵심의견이나 생각을 도입부에 먼저 파악하게 해주어야 상대가 지지할지 반대할지 또는 비판할지에 대한 의사결정을 빠르게 할 수 있고, 그만큼

상대방의 시간도 절약하게 된다.

한국인인 나는 솔직히 비즈니스 토론뿐만 아니라 일상적인 커뮤니케이션을 할 때에도, 나의 주장을 초반에 단도직입적으로 먼저 전달하는 방식이 아직은 다소 무례한 것 같은 부담이 스스로 있다. 예로, 한국인 동료들끼리 회의를 하거나 더욱이 그 자리에 상사와 함께라면, 'Yes', 'No'로 나의 결론을 먼저 던지는 게 다소 부담인 것이다.

최근에는 한국의 비즈니스 환경도 '두괄식'을 선호하는 방향으로 변하고 있다. 내가 한때 몸 담았던 홍보대행사에서 내부 직원들에 대한 글쓰기 교육을 진행한 적이 있다. 언론사에 배포하는 보도자료나 문서를 작성할 때는 "중요한 핵심내용이 보도자료의 앞부분에 위치하는 '두괄식'으로 반드시 작성해야 효과적이고 세련된 커뮤니케이션이다."라고 직원들을 교육시켰다.

'기사 마감시간(Deadline)'을 준수하여 기사를 작성해야 하는 기자들의 업무 속성상, 분초의 시간도 효율적으로 활용해야 하기 때문에 기자들은 수많은 홍보대행사에서 제공하는 보도자료들을 일일이 다 읽을 수가 없다. 따라서, 보도자료의 앞부분만을 보고 기사로 채택할지 여부를 즉각적으로 판단하기 마련이다.

언론분야는 두괄식 화법이 극단적으로 중요한 분야이겠으나, 어찌 이 분야만 그렇겠는가? 방대한 투자를 결정해야 하는 금융투자자들의 경우도 수없이 쌓여있는 제안서류들을 매일 검토해야 할 것이고, 이 외에도 대부분의 비즈니스 환경에서 더욱 빠르게 핵심을 파악하고 더 빨리 결정을 내려야 하는 상황이 훨씬 많다.

이에 핵심을 앞에 두는 두괄식 화법은 당연히 더 경쟁력 있고, 오늘날 비즈니스 방식에서 더 선호되는 방식인 것이다.

| 핵심과 결론은 앞에, 영-미식 비즈니스 관행 |

영-미계 MBA(Master of Business Administration)가 전세계 경영대학원(Business School)을 통해 보편화됨에 따라, 영-미식 비즈니스 관행과 문화가 글로벌 비즈니스 표준으로 자리 매김했다.

비즈니스맨들에게 익숙한 '사업계획서(Business plan)' 수립의 경우, 앵글로색슨계는 비전과 목표 등 성취하고자 하는 핵심내용을 사업계획서 앞에 배치시키고, 이를 뒷받침하는 실행계획(Action Plan)들은 뒷부분에 배치하여 설명하는 구조를 취하고 있다. 역시 '핵심'은 앞에 위치해 있다.

한국의 대부분 대학에서도 영-미계 MBA과정이 뿌리를 내려, 수많은 한국 비즈니스맨들이 영-미식 다국적 기업에서 보편적으로 사용하는 사업계획서나 마케팅 계획서 작성방식을 표준화하여 따르고 있다. 그럼에도 불구하고, 한국 비즈니스맨들이 사업계획서나 제안서를 수립하는 과정을 보면, 여전히 한국적인 독특한 비즈니스 문화들을 볼 수 있다.

즉, 한국 비즈니스맨들은 자신을 기점으로 공간과의 관계를 따라 접근하는 방식 즉, 관계를 기반으로 한 '점과 공간 논리'에 따라 주변 현상과 문제점, 경쟁현황, 외부환경을 분석하고 해결해 가는 방식을 취한다. 그래서, 사업계획서나 제안서를 작성할 때, 마치 역삼각형 구조와 같이 상황 전반에 걸친 방대한 분석과 대내외 환경 분석, 자사와의 관계, 시사점 등을 바탕으로 여러 가능한 실행계획을 도출하고, 최종 실행안을 결정하는 방식의 결과를 마지막에 도출한다. 끝까지 봐야 결과를 알 수 있는 것이다.

영-미계 비즈니스 형태의 또 다른 특징 중 하나는 몇 십 페이지 사업계획서 및 제안서나 대학원 박사과정 학생들이 몇 십 또는 몇 백 페이지의 논문 작성시 빠트리지 않고 작성하는 'Executive Summary(핵심요약)' 또는 'Abstract(초록)'이다. 이 'Executive Summary', 'Abstract'는 영-미계 사람들의 시간개념이 가장 잘 반영된 부산물 중 하나라 생각된다.

귀중한 시간을 투자하여, 몇 십 또는 몇 백 페이지의 비즈니스 문서나 논문을 읽었는데, 그 내용이나 결말이 부실하다면 읽은 사람의 입장에서는 당황스럽고 그 긴 내용을 읽고 파악하느라 허비한 시간이 정말로 아까울 것이다.

상대방에게도 유한한 시간을 배려하기 위해 만들어진 비즈니스 관행이 바로 Executive Summary이다. 투자은행이나 벤처캐피

탈에 근무하는 비즈니스맨들은 하루에도 몇 십 개의 투자제안서를 받는다. 또한 내가 근무했던 의료 분야에서 의료진들은 임상적 유용성을 연구하기 위해 수많은 원서 논문을 읽는다. 대부분의 분야에서 대규모 정보를 신속히 파악해야 하는 경우 매우 유용한 것이 바로 문서 제일 앞에 요약된 Executive Summary 또는 Abstract(초록, 요약)이다.

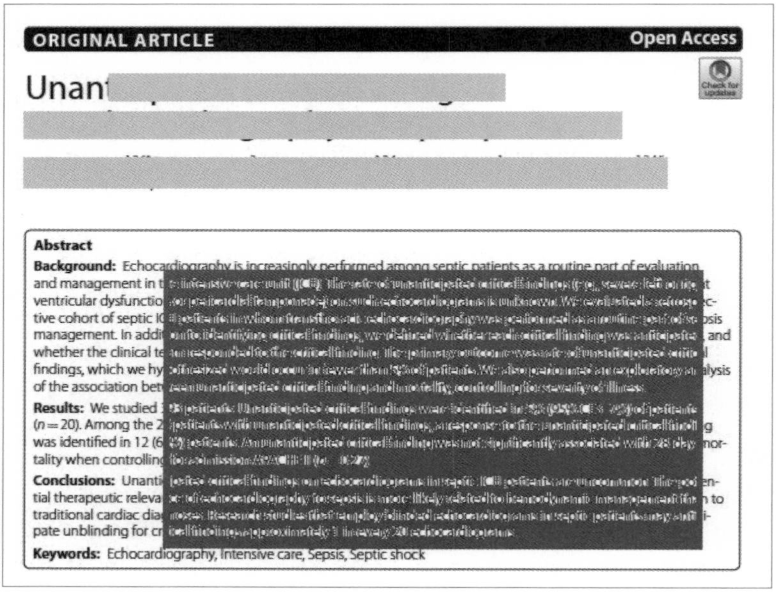

ORIGINAL ARTICLE Open Access

Unan[redacted]

Abstract

Background: Echocardiography is increasingly performed among septic patients as a routine part of evaluation and management in t[redacted]t ventricular dysfunctio[redacted]c-tive cohort of septic IC[redacted]psis management. In additi[redacted], and whether the clinical te[redacted]l findings, which we hy[redacted]alysis of the association bet[redacted]

Results: We studied [redacted] (*n* = 20). Among the 2[redacted]g was identified in 12 (6[redacted]mor-tality when controlling[redacted]

Conclusions: Unanti[redacted]en-tial therapeutic releva[redacted]n to traditional cardiac dia[redacted]i-pate unblinding for cr[redacted]

Keywords: Echocardiography, Intensive care, Sepsis, Septic shock

미국 임상 논문 중 Abstract(핵심요약, 초록)

앞서 나의 영-미계 팀원들과 진행된 토론의 난감함으로 돌아가 보자. 이는 결국 '두괄식' 영-미계 언어-사고체계와 '미괄식', '관계 주의적' 한국식 언어-사고 체계간 충돌이었다.

비즈니스의 목적 즉, 나의 비즈니스에 유리하게 상황을 이끌어 가고, 내가 원하는 것을 도출해서 비즈니스를 성공적으로 이끄는 것이 주 목적일 것이다.

명심하라. 당신의 주장과 핵심 아이디어는 반드시 먼저 제시해야 한다. 그리고 나서, 이를 뒷받침하는 근거와 설명을 이어가라. 비즈니스의 승률이 달라질 것이다.

축약과 간결한 표현
'왜 트럼프는 트위터를 좋아할까?'

Donald J. Trump @realDonaldTrump · 3월 31일
Great news! American families will now be able to buy safer, more affordable, and environmentally friendly cars with our new SAFE VEHICLES RULE. Get rid of those old, unsafe clunkers. Build better and safer American cars and create American jobs. Buy American!

25,782 32,325 182,612

미국 트럼프 대통령 트위터 메시지

미국의 트럼프 대통령은 수 많은 소셜네트워크 채널들 중에서 왜 140자의 제한된 문장으로 커뮤니케이션 해야 하는 '트위터(Twitter)'를 주 채널로 꾸준히 애용할까?

이 대목에서 아마도 "비즈니스와 대통령?" 하고 그 연계성에 의아해 할 수 있다. 그는 미국의 대통령이지만 그 전에 대표적 미

국 기업가이자 미국인을 대표하는 상징적 인물이다.

여전히 기업가적 자질을 보여주는 트럼프 대통령의 트위터 메시지 활용 사례는 미국인들의 언어와 커뮤니케이션 효율성을 가장 단적으로 잘 보여 주는 사례인 것이다.

이제는 주 의사소통 채널로 자리를 잡아 익숙해지기도 하였으나, 처음에는 지나치게 파격적으로 여겨졌다. 물론, 그 내막에는 언론과 대립각을 세우고 있는 대통령 기조도 있겠으나, 최대 140자 이내의 짧고 간결한 문장으로 전 미국 국민들에게 자신의 정치적 견해를 간결하고 명확히 전달하기에 가장 효율성 높은 수단이어서 일 것이다.

한마디로 내 시간, 남의 시간을 중시하고, 직접적이고 모호함을 지양하는 미국인들의 커뮤니케이션 성향과 잘 맞아 떨어지는 소셜 네트워크가 바로 이 140자 채널인 것이다.

| 축약과 약어, 커뮤니케이션의 효율성 |

영-미인들은 '시간'을 규칙적, 순차적으로 발생하는 일련의 직선적 개념으로 인식한다. 이들에게 시간은 규칙적이고 순차적이기에 측정 가능하며, 업무를 이행함에 있어 최단시간에 가장 적은 투입으로 완수하는 최상경로를 찾는 것이 중요하다. 즉, '시간=돈'이라는 사고를 갖고 있기에 스케줄을 짤 때 시간을 매우 타이트하게 쪼개어 구성한다. 당연히 시간 약속에 대한 개념도 매우 강하다. 시간을 허투루 쓰는 것이 결국 돈을 낭비하는 것처럼 인식되기 때문이리라.

이들의 모국어인 영어에 이러한 시간 효율성을 극대화 하고자 하는 표현들이 잘 발달되어 있다. 바로 우리가 잘 알고 있는 영어의 '축약(Contraction)'과 '약자(Abbreviation)'의 발달이 그것이다.

현대는 신문, 잡지, 라디오, TV 등 매스미디어의 발달로 영어의 템포가 한층 더 빨라졌고, 비즈니스 커뮤니케이션도 이메일, 페이징, SNS 등 내용의 핵심을 더 신속하고 정확하게 전달하는 것이 경쟁력이 되고 있는 시대이기에 채널 다양성, 보편화와 더불어 영어의 축약, 약어 사용이 빈번하다.

- also known as → a.k.a.
- We would → We'd
- Doctor → Dr.
- Annual General Meeting → AGM…

영어의 문어체와 구어체 모두에서 축약과 약자가 빈번히 사용되며, 이 경향은 상호 커뮤니케이션에 있어 효율성을 극대화한다. 속도가 생명인 비즈니스 세계에서 영어가 글로벌 비즈니스 언어로 적합하고 경쟁력 있다고 판단되는 이유 중 하나는 영어가 가진 방대한 어휘력과 더불어 같은 내용을 전달하더라도 다른 언어들보다 표현과 전달이 훨씬 짧고, 간결하기 때문이다. 'history of case'('사례 내역') 표현 보다는 'case history' 로 사용해 하다못해 한 단어라도 단축(of)하려고 하는 이들의 성향을 보여주는 예는 너무나 많다.

영어는 오랜 역사를 통해 다양한 문화와 언어를 흡수함으로써 방대한 어휘를 갖추었다. 또한 문법적으로 명사의 성이 사라지고, 단어의 형태가 문법에 따라 변하는 법칙이 상실되어 군더더기 없이 단순하고 간결하게 되었다. 하나를 얻으면, 하나를 잃는다 했던가? 이렇게 합리적으로 간결하게 된 것은 영어의 큰 장점임이 분명하나, 그대신 '위치'에 대한 제약이 생겼다.

같은 단어임에도 위치가 고정되고 그 고정된 위치를 벗어나면, 완전히 다른 의미가 생기게 된다. "A manager onboards an intern."(매니저가 인턴을 교육시킨다.)이 "An intern onboards a manager."(인턴이 매니저를 교육시킨다.)로 위치가 변경되면서 주객이 전도되는 난감한 상황처럼 말이다.

실제 글로벌 비즈니스 공용어인 언어는 다른 언어에 비해 간결할까? 이런 궁금증을 확인해준 비교 자료가 있다.

실제 동일한 내용에서 영어는 다른 유럽언어들에 비하여 사용되는 단어의 숫자가 적고, 전체 문장의 길이도 훨씬 짧다.

언어별 같은 내용의 문장 길이 비교

언어	영어 대비 문장 길이
영어	100%
프랑스어	120%
스페인어	130~140%
러시아어	135~150%

한국에 주재하는 유럽계 및 외국상공회의소 비즈니스 저널을 정기적으로 받아보고 있는데, 첫 장을 펼칠 때마다 눈에 들어 오는 내용은 바로 이것이다.

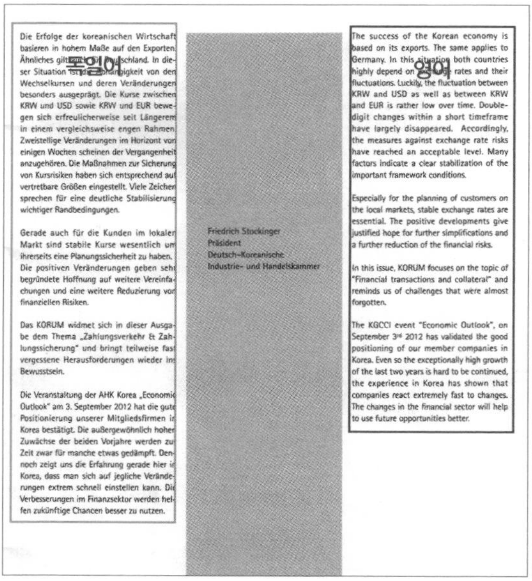

Die Erfolge der koreanischen Wirtschaft basieren in hohem Maße auf den Exporten. Ähnliches gilt [illegible] schland. In dieser Situation [illegible] gigkeit von den Wechselkursen und deren Veränderungen besonders ausgeprägt. Die Kurse zwischen KRW und USD sowie KRW und EUR bewegen sich erfreulicherweise seit Längerem in einem vergleichsweise engen Rahmen. Zweistellige Veränderungen im Horizont von einigen Wochen scheinen der Vergangenheit anzugehören. Die Maßnahmen zur Sicherung von Kursrisiken haben sich entsprechend auf vertretbare Größen eingestellt. Viele Zeichen sprechen für eine deutliche Stabilisierung wichtiger Randbedingungen.

Gerade auch für die Kunden im lokalen Markt sind stabile Kurse wesentlich um ihrerseits eine Planungssicherheit zu haben. Die positiven Veränderungen geben sehr begründete Hoffnung auf weitere Vereinfachungen und eine weitere Reduzierung von finanziellen Risiken.

Das KORUM widmet sich in dieser Ausgabe dem Thema „Zahlungsverkehr & Zahlungssicherung" und bringt teilweise fast vergessene Herausforderungen wieder ins Bewusstsein.

Die Veranstaltung der AHK Korea „Economic Outlook" am 3. September 2012 hat die gute Positionierung unserer Mitgliedsfirmen in Korea bestätigt. Die außergewöhnlich hohen Zuwächse der beiden Vorjahre werden zur Zeit zwar für manche etwas gedämpft. Dennoch zeigt uns die Erfahrung gerade hier in Korea, dass man sich auf jegliche Veränderungen extrem schnell einstellen kann. Die Verbesserungen im Finanzsektor werden helfen zukünftige Chancen besser zu nutzen.

Friedrich Stockinger
Präsident
Deutsch-Koreanische
Industrie- und Handelskammer

The success of the Korean economy is based on its exports. The same applies to Germany. In this situation both countries highly depend on [illegible] rates and their fluctuations. Luckily, the fluctuation between KRW and USD as well as between KRW and EUR is rather low over time. Double-digit changes within a short timeframe have largely disappeared. Accordingly, the measures against exchange rate risks have reached an acceptable level. Many factors indicate a clear stabilization of the important framework conditions.

Especially for the planning of customers on the local markets, stable exchange rates are essential. The positive developments give justified hope for further simplifications and a further reduction of the financial risks.

In this issue, KORUM focuses on the topic of "Financial transactions and collateral" and reminds us of challenges that were almost forgotten.

The KGCCI event "Economic Outlook", on September 3rd 2012 has validated the good positioning of our member companies in Korea. Even so the exceptionally high growth of the last two years is hard to be continued, the experience in Korea has shown that companies react extremely fast to changes. The changes in the financial sector will help to use future opportunities better.

한독상공회의소 KORUM 잡지 회장 인사말
영어와 독일어 길이 비교

해외 상공회의소 대표의 인사말이다. 친절하게도 영어와 독일어, 프랑스어 또는 한국어로 나란히 적어 준다. 내용보다도 텍스트의 분량을 한번 보시라. 영어 인사말이 독일어에 비해 분량이 훨씬 적다. 그래서인가 나의 눈에는 영어가 왠지 더 간결하고, 정돈되어 보인다.

'시간 효율성'을 중시하는 영-미인들은 그들의 모국어인 영어를 사용할 때, 이에 부합하는 효율적 커뮤니케이션을 위해 '약어'와 '축약'을 선호한다. 뿐만 아니라, 소셜네트워크와 이메일로 커뮤니케이션을 할 때에도 가능한 메시지를 간결하고 짧게 쓰는 경향이다. 트위터는 이러한 영-미인들의 성향에 매우 부합하는 SNS채널인 것이다.

| 비즈니스 커뮤니케이션 요령 – 짧게 핵심만! |

이들의 언어속성과 비즈니스맨들의 사고방식을 이해하였다면 이제 응용이다. 우리는 어떻게 일상에서 이를 응용해야 품위 있게 비즈니스 할 수 있을까? 대표적 비즈니스 커뮤니케이션의 예로 이메일링에 대해 살펴보자.

결론부터 말하자면, "미국 비즈니스맨들과의 이메일 커뮤니케

이션시 최대한 짧게 작성하라. 짧으면 짧을수록 좋다."

미국 비즈니스맨들은 전화와 같은 구두 커뮤니케이션보다는 문자, 문서 커뮤니케이션을 선호한다. 재차 강조하지만, 미국 비즈니스맨들은 '시간 효율'을 매우 중시하기 때문에, 이메일로 전달하려는 커뮤니케이션의 메시지는 명확하고 간결하게 요점 중심으로 작성하는 것을 선호한다.

영-미 비즈니스맨들과 이메일 전달 시, 이메일 내용 길이가 컴퓨터 모니터 화면보다 길지 않게 작성함을 기준으로 삼으라. 즉, 상대가 스크롤 다운하지 않고 모니터 한 화면 내에서 내용을 확인할 수 있도록 하는 것이 가장 좋다는 의미다.

당연히 그 다음으로 주의해야 할 것은 '양'만 중요한 것이 아니라는 점이다. 이메일 내용도 상황이나 배경설명을 장황하게 설명하는 방식보다 미국 비즈니스맨들이 메시지를 쉽고 명확하게 이해할 수 있도록 곧바로 '요점'으로 들어가기를 권고한다.

만약 어쩔 수 없이 여러 가지 상황이나 복잡한 문제에 관련된 내용을 설명해야 해서 이메일이 길어지는 경우라면, 이메일 앞부분에 몇 개의 '핵심 요점사항'을 명시하여 내용을 글머리 기호(-, *, •...)나 숫자를 두어 항목으로 정리하는 것이 바람직하다.

요점을 파악하기 힘들게 장황하고, 컴퓨터 모니터의 화면을 벗어나는 장문의 이메일을 미국 비즈니스맨들이 받는다면, 아주 다급한 사안이 아니라면 그 이메일은 바로 읽히지 않고 나중에 읽을 요량으로 다른 메시지 함으로 옮겨지게 될 것이다.

이는, '내 시간도 금이지만, 상대방의 시간도 금'으로 생각하기 때문이다. 품위 있는 비즈니스 상대가 되는 것은 나뿐만 아니라 상대방이 중요하게 여기는 것을 배려해주는 기본적인 자세를 준수하는 것으로부터 출발한다.

정확한 숫자와 소유개념 '모호성을 지양하는 이들'

- **한국 매니저:** "자, 우리는 한가족이니 힘든 현상황을 잘 이겨내 보자."
- **미국 파트너:** "근데.. 우리가 왜 가족이죠?"

위의 대화는 내가 글로벌 채널을 둔 한국 기업에서 일할 때, 미국 파트너와 미팅 시 나누었던 대화이다. 우리는 한 배를 탔으니 함께 이 난국을 잘 이겨내 보자는 의도였는데, 우리가 가족이 아님을 굳이 짚고 넘어가는 나의 비즈니스 파트너의 반응에 무안함과 야속함을 느꼈던 순간이다.

허나, 지금 생각해보면 그 미국인 파트너도 갑자기 가족으로 상호 관계를 정의하는 나를 보고 적잖게 당황스러움과 부담감을 느꼈을 것으로 이제는 충분히 이해가 간다.

'우리는…'의 공동체 인식과 표현에 익숙한 한국 사람들이 개인주의적이고 합리주의적인 영-미 및 북유럽 비즈니스맨들과 같이 일을 하다 보면 어쩔 수 없이 이들과 가끔씩 심정적 거리감을 느끼게 됨을 부정할 수 없다. 나도 모르게 한국식으로 가깝게 접근하다 이들 본연의 냉정한 개인주의적 모습을 접하고는 이내 '훅'하고 저만치 멀어지게 된다.

| 12시경이 아니라 12시 정각! |

문화차원모델의 '시간차원(Time Dimension)' 분류에 따르면, 영-미계 앵글로색슨 사람들이 사용하는 언어에는 오랜 세월을 거치며 이들의 시간문화가 그대로 녹아 있다. 약속시간을 정할 때도 "12시에(at 12) 또는 12시 정각(at 12 sharp)에 방문하도록 하겠습니다."와 같이 정확한 숫자 표현을 기반으로 약속시간을 정한다.

반면에 시간에 좀 덜 제약적인 문화에 속하는 한국어에서는 약속시간을 정할 때, "12시경에 방문하도록 하겠습니다." 또는 "12시쯤에 뵙도록 하죠!"와 같이, '경'이나 '쯤' 그리고 '두 세시나 서너시'라는 '어림수'를 사용하는 것이 일반적이다.

약속에 대해 얘기하다 보니 얼마 전 나의 지인이 보낸 메시지가 생각나 웃음이 난다. 시간과 관련하여 극강의 디테일을 보여주는 영국인 지인의 모습에 혀를 찼다.

AB [redacted] 오후 2:07
받는 사람: [redacted] 외 24명 >

[redacted]Council meeting

Hello,
Just a reminder that we are having a meeting in [redacted] next Monday October 28 starting at 7, meeting in the basement at 6:56

[redacted]

얘기인즉슨, 어떤 회의를 앞두고 나를 포함한 참석자들에게 영국인 지인이 보낸 리마인드 메시지이다. “여러분, 다음주 월요일 회의에 대해 상기드려요, 7시에 회의가 시작이니, 건물 지하층에서 우리 모두 6시 56분에 만나요”

헐.. “6시 56분에 만나요” 라니.. 이런 방식의 약속을 나는 적지 않은 인생을 살아오며 단 한번도 한 적이 없다. 대충 10분전에 보자고 하든가 아니면 55분이면 55분이지 56분이라니….

회의 당일 만나서 이 얘기를 하니, 엘리베이터 타는 시간을 고려하니 이 정도면 1~2분 전에 회의실에 딱 도착할 듯 하더라고 했다.

“대단하다 대단해.”하고 혀를 찼다.

| 정확한 숫자개념을 가지고 있는 영-미식 사고방식 |

요즘은 스마트폰의 지하철 안내 애플리케이션을 이용하여 편리하게 역 검색이 가능하지만, 특히 지하철에서 만난 외국인들이 가지고 다니는 지하철 안내지도를 보면, 한글과 영어, 중국어, 일본어 등 다양한 언어로 된 지도라는 점 외에, 한국인들이 사용하는 지하철 지도에서는 찾을 수 없는 큰 차이점을 하나 발견할 수 있다.

외국인들이 사용하는 지도에는 각 역명이 그들의 언어나 영어로 표기되어 있고, 한국 이용자들은 사용하지도 잘 인지하지도 못하고 있지만, 각 역마다 각기 다른 '숫자(Number)'가 표기되어 있다.

외국인용 지하철 지도에는 각 지하철 호선에 따라서 앞자리를

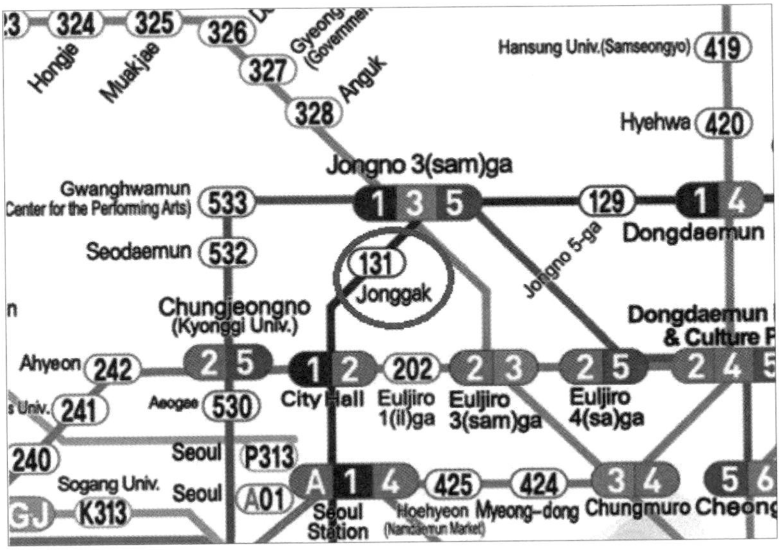

지하철 역을 숫자로 구분한 외국인용 지하철 노선도
(출처: 서울교통공사)

1호선은 1로, 2호선은 2로 그리고 3호선은 3으로 표시되어 있고, 역 순서에 따라 '고유번호'가 매겨져 있다.

혹시 여러분들은 지하철역 131번이 무슨 역인지 아시는가? 바로 '종각역'을 칭한다. 외국인이 지하철을 타고 이동 시에 그들의 입장에서 발음하기 어려운 한국식 지하철역 이름보다는 노선 별 숫자와 색깔, 그리고 환승해야 할 '번호'를 알려 주는 식으로 커뮤니케이션을 하면 더 쉽게 안내 할 수 있는 것이다.

앵글로색슨계 비즈니스맨들은 정량적인 표현을 선호한다. 물론 개인차와 산업 분야별 차이는 있을 것이다. 그럼에도, 정량과 정성적 측면을 모두 비중 있게 보는 한국 비즈니스맨들의 인식과 달리, 미국 비즈니스맨들은 조금은 더 수치화 할 수 있는 것에 가치를 둔다.

"수치화 할 수 없는 것은 가치가 없다."라는 사고방식이 영-미계 비즈니스맨들에게 좀 더 강하게 형성되어 있는 것이다.

오늘날 대부분의 국내, 해외 기업에서 적용하는 목표설정 방식 원칙인 'SMART'방식이 어찌 보면 가장 미국적 사고 방식과 철학이 그대로 내재된 개념이 아닐까 생각한다. 잘 아시는 바와 같이, 개념에 따르면, 목표수립 시, 반드시 'Specific: 구체적(모호성을 지양)'이고, 'Measurable: 측정 가능해야 하고(정량화 사고)', 'Assignable 또는 Achievable: 수행 주체 명확 또는 성취 가능한 것'이어야 하며, 'Realistic: 현실적이고', 'Time-related 또는 Time-limited: 시간 설정이 명확(시간 중시)'해야 한다. 이는 미국식 목표 설정 방식의 전형적인 원칙이며, 동시에 영-미 비즈니스 문화 성향을 고스란히 담고 있는 개념과도 일치한다.

| 명확한 소유개념, 'We' 아니라 'I' |

또 한가지 중요한 특징은 어림수와 광범위한 소유 및 공유 개념(공동체 개념)을 널리 사용하는 한국어와 달리, 영어에는 '명확한 소유'에 대한 표현이 잘 발달되어 있다는 것이다.

영어에서는 '우리(We)' 또는 '우리의(our)'라는 단어보다는 '나(I)' 또는 '나의(my)'라는 표현의 단어들을 더 자주 사용한다. 한국어에서는 '나' 보다는 '우리'라는 공동체주의 특성이 뚜렷한 단어를 더 자연스럽게 사용한다.

가족 자동차를 '우리 자동차(our car)'라고 하기 보다는 '나의 아버지의 자동차(my father's car)'라고 소유자에 대해 정확히 표현하는 것이 미국인들의 표현방식이다. 우리네 방식은 비록 아버지가 소유한 자동차라고 하더라도 '우리 자동차'라는 표현을 더 자연스럽게 쓴다. 회사에 대해 지칭할 때도 한국 비즈니스맨들은 '우리 회사(our company)'라는 표현을 더 자연스럽게 사용하는 반면, 미국 비즈니스맨들은 '나의 회사(my company)'라는 표현을 사용한다.

어디 이뿐인가, 심지어 한국 사람들은 본인의 아내를 다른 사람들에게 표현할 때 '나의 아내(my wife)'라고 하지 않고 '우리 아내(our wife)'라고 지칭하지 않나. 이러한 한국식 공동체주의 관습에 대해 외국 친구들과 대화하며, "Oh, no no, my wife, not our wife."(아니 아니, 우리 와이프가 아니라, 내 와이프…)로 표현을 정정하는 웃지 못할 해프닝도 가끔 생기곤 한다.

영어의 정확한 정량, 수치표현, 명확한 소유표현, 특정과 불특정을 정확하게 분리해 사용하는 관사 사용법 등의 특징은, 이를 모국어로 하는 영-미인들의 정량화 선호, 명확한 시간개념, 정확한 소유개념으로 발현된다는 것을 이해하자.

앞서 "우리가 왜 가족이죠?"라고 반응한 내 미국 파트너의 말과 생각이 이제는 충분히 이해가 간다. 비록 나는 다소 당황스러운 경험을 통해 터득하였지만, 독자 여러분들은 섣불리 영-미 비즈니스 파트너에게 '우리는 한 가족…' 이라는 한국식 개념을 강요하지 말기 바란다. 상대에게는 부담을, 자신은 무안함으로 서로 난처한 입장이 될 수 있다.

동등한 호칭
'평등하고 수평적 문화'

"Thomas and I discussed…" (토마스와 내가 상의했는데…)

글로벌 기업에서 회의나 업무 이메일상 회사의 대표이사에 대한 언급을 할 때, 'my president'도 아니고 연배가 높은 상사이지만 그의 존함을 친구처럼 'Thomas'라 부르는 것이 그다지 부담스럽지는 않다. 호칭이 편해지니 표현도 좀 더 적극적이고, 반론도 거리낌 없이 제시한다. 상하 수직적 커뮤니케이션보다는 수평적 커뮤니케이션이 가능해지는 것이다.

| 한국어의 존칭표현 vs 영어의 공손표현 |

한국어는 다양한 존칭과 비존칭 그리고 평말, 하대 등이 발달한 언어다. 나만 해도 연장자에 대한 예절교육을 어린 시절부터 배우고 자란 터라, 이런 영어의 수평적인 호칭이 어떤 때는 크나큰 자유로움으로, 어떤 때는 마음의 부담으로 느껴진다. 글로벌 시대에 국제어로 영어를 더 많이 사용하며 존칭 문법체계가 상대적으로 적은 영어의 표현 간소화에 익숙해져 버린 것이 사실이지만, 한편으로 여전히 나이 많은 분들에 대해 'You(너)', 'He/she(그/그녀)'라는 표현은 간혹 버릇없는 것 같기도 하고 부담이 되기도 한다.

영어는 한국어와 달리 다양한 존칭과 비존칭의 문법체계가 거의 없는 언어이다. 이런 특징이 오히려 상호 커뮤니케이션과 비즈니스를 할 때에 더 효율적인 언어로 간주되기도 한다.

지금 막 시작하는 스타트업이든 알려진 재계 상위 기업이든 최근 사회이슈가 되고 있는 '갑'이든 '을'이든 갓 입사한 신입사원이든, 재계 총수이든 관계없이 모두 평등한 호칭과 관계에서 비즈니스가 이루어지지 않는가? 최소한 호칭에서는 말이다.

한국처럼 상대방의 직업, 직급, 나이, 학벌, 위치 등에 따라 존칭이나 비존칭 표현을 세분화하여 구별해 사용해야 하는 경우 쌍방간 비즈니스를 평등한 위치에서 시작하기란 쉽지 않다.

서로 관계가 수평적이어야 하고, 의사소통에 있어서 관계보다는 커뮤니케이션 내용 자체에 더 집중해야 하는 수평적인 비즈니스 세계에서 어떤 언어가 더 적합하냐고 했을때, 이 측면에서만 보자면 간단 명료하고 수평적 속성을 지닌 영어가 좀 더 적합하다 할 수 있을 것이다.

물론 영어에도 정중하게 부탁하는 공손한 표현들이 별도로 있다. "Would you mind ~, please?"와 같은 예들이다. 계층적 호칭표현인 "Madam, Sir, Gentleman" 등도 물론 존대말로 사용된다.

그러나 언어표현의 다양성과 호칭과 대응되는 체계적인 문법 측면에서 비교해 볼 때, 한국어는 영어의 단순한 '공손 표현(polite form)'과는 비교할 수 없을 정도의 복잡하고 체계적인 '대우법(待遇法)'적 표현들이 매우 발달되어 있다.

'한국어 유형적 특징'이라는 논문에서 저자인 손호민 교수는 체계적인 대우법은 한국어, 일본어 등 일부 소수의 언어에서만 볼 수 있는 드문 현상이라 한다. 특히 한국어는 '대우법 언어(Honorific Language)'라는 유형적 특징으로 분류해 기술하고 있다. 논문에서 예시한 우리 한국어에서만 볼 수 있는 대우법의 예는 이러하다.

첫째, "~님, ~씨, ~군" 등 '계층적 호칭-지칭 체계'가 발달하였고, 각 1, 2, 3 인칭의 대명사에서 '계층적 체계표현'이 있다. 예를 들어, 2인칭에는 “너-자네-당신-댁-어르신” 같은 다양한 ‘계층적 표현’이 존재한다.

둘째, 명사, 동사, 조사 각각에 존칭 표현이 있다. 예로, 명사(나이-연세, 이름-성함), 동사(자다-주무시다, 보다-뵙다), 조사(에게-께, 가-께서)와 같이 매우 체계적이다.

셋째, 서술어에 존칭 표현이 존재한다. 즉, 예로 “아들은 가방을 산다.”와 “어머니는 가방을 사신다.”와 같이 말이다.

한국어의 존대와 비존대는 듣는 상대의 연령, 사회적 지위, 직장직위, 친족관계, 격식, 사회규범 등을 복합적이고 상대적으로 고려하여 화자가 선택해 사용한다.

한국인들도 어쩌다 실수를 하기도 하는데, 하물며 이런 미세하고 섬세한 대우법 체계구조를 영-미계 외국인들이 정확히 구분해 표현하는 것은 얼마나 어렵겠는가?

외국인들이 실제로 한국어를 배우면 배울수록 어렵다고 느끼는 이유가 바로 커뮤니케이션 상대의 연령, 사회적 지위, 직장에서 직급 그리고 상황에 따른 격식과 사회규범 등을 고려하여 정확히 선택해 사용해야 하는 다양한 대우법적 표현 때문일 것이다.

실제로 한국에서 오래 거주하여 어느 정도 한국어를 유창하게 구사하는 외국인 지인들에게 한국어 학습에서 어떤 부분이 가장 어려운지 물어보면, 이구동성으로 적절한 존칭표현을 사용하는 것이라 답한다. 특히, 영국과 미국의 대학이나 직장에서는 한국의

'선배, 후배, 언니, 형님' 등에 대한 개념이 없기 때문에 처음 한국에 도착하여 이 개념을 이해하는 것이 쉽지 않았다는 견해도 여러 차례 들었다. 사실 한국인인 나도 대상 인물과 상황에 따라 어떤 존칭표현을 사용하는 것이 적절한지 생각해가며 커뮤니케이션을 하는데, 외국인들이 존칭표현을 어렵게 느끼는 것은 어쩌면 당연할 수 밖에 없다.

영국식 영어에는 과거 귀족봉건제도와 입헌군주제 국가의 영향으로 상대방을 대우하는 호칭과 지칭명사, 일부 격식표현이 발달하기는 했지만, 한국어처럼 상, 하 그리고 비슷한 위치에 따른 다양한 대우법적 표현들이 발달되지는 않았다.

영어는 한 단어가 한 형태소로 구성되고 가짓말이 없는 대표적인 고립어에 속하기 때문에, 'Sir'와 'Madam'과 같이 존대하는 호칭명사는 있지만, 한국어와 달리 다양한 계층적 표현이 적고, 명사, 조사, 동사에서뿐만 아니라 서술어에서의 '존대 어미(-시, -습, -니 등)'가 발달하기 어려운 언어유형에 속한다.

한국어와 영어의 언어체계 차이는 비단 호칭과 존칭적 표현에만 국한되지 않고, 비즈니스맨들의 사고나 인식에도 반영된다. 우리가 일상적으로 접하는 비즈니스 회의 문화에서 상황을 한번 생각해 보자.

미국 기업이라면 매니저와 부서원들이 서로 이름을 부르며 격의 없이 자유롭게 동등한 입장에서 의견을 교환할 것이다. 당연히 커뮤니케이션에 있어 수평적이고 업무결정 효율성이 높아진다.

같은 상황이 한국에서라면, 조직 내 직위가 높은 상사와의 회의에서 상사의 의견에 대해 직접적으로 반대의견을 표하기는 어려울 것이다. 회의 내용의 찬반 여부와 관계없이, 상사가 제안한 안을 반대하는 것 자체가 부담이고, 잘못 표현하면 상사의 체면 손상으로 이어질 수도 있기에 조심스럽다.

정 안되겠다 싶어 상사의 견해를 반대해도 대체로 우회적으로 조심스럽게 의견 개진을 한다. 우회적 방법을 취하니 불가피하게 문장들이 길어지고 시간 효율성이 떨어지게 된다. 당연히 정확한 의사표명을 하는데도 제약이 있고, 심지어 창의적 견해들이 묻혀버리는 불행한 상황도 발생될 수 있다.

회의석상에서 사용되는 공식적인 호칭문화와 커뮤니케이션 방식이 기업의 비즈니스 의사결정의 효율성과 신속성에 영향을 끼칠 수 있다는 점을 이해하자. 어디 효율성뿐이겠는가? 회의의 결과물이 되는 아이디어의 질과 양도 영향을 받을 것이다.

비즈니스 문화를 연구하는 학자들은 기업문화에 관한 분석에서 한국과 일본을 조직 문화상 '위계질서(Hierarchy)'가 가장 높은 나라 군(群)으로 분류한다. 한국과 일본 공히 유교 문화에 뿌리를 두고 있다는 공통점이 있고, 공교롭게도 두 언어 모두 대우법이 체계적으로 발달한 언어 군(群)이기도 하다.

이처럼, **언어의 존칭, 비(非)존칭 특징은 호칭을 넘어 비즈니스 커뮤니케이션 방식과 기업의 의사결정 과정에도 영향을 끼친다.**

각 언어들은 서로 다른 우수성을 띠고 있다. 다만, 글로벌 비즈니스에 있어서 상호간 '동등하고 수평적인 커뮤니케이션 방식'과 '속도 및 효율성' 측면만 보자면 영어가 좀 더 부합되는 언어라는 사실도 한편 수긍이 된다.

영어가 글로벌 비즈니스 공용어로 자리 매김하는 몇 가지 사유 중 하나가 바로 이와 같은 이유일 것이다.

상대에 따른 존칭이 아니라 '상황에 따라 공손한 문화'

비즈니스에서는 명함 하나 건네는 대도 상대방에게 이름이 보이도록 두 손으로 공손히 전달하고, 받은 명함은 세심히 살펴보고 바로 명함집에 넣지 않고 회의 중 테이블 위에 소중히 둔다.

악수와 같은 작은 행동 하나에도, "여성이 먼저 제안해야 한다.", "나이 어린 사람이 연장자에게 악수를 먼저 권하는 건 실례다." 등 비즈니스 모든 행동에 필요한 예의가 있다.

'공손함'은 비즈니스 세계에서는 그야말로 비즈니스맨의 행동 규범 중에서도 기본 중 기본이다. 비즈니스 언어 예절에도 그 기저에는 반드시 상대방에 대한 존중, 공손함이 배어 있어야 한다.

앞서 본 바와 같이, 한국어는 언어자체에 존칭과 비존칭 문법 체계가 세분화되어 갖춰져 있고, 이 체계에서 단어의 형태도 변화한다. 영어에는 대우법 체계가 없다. 호칭도 수평적이다. 표현도 직접적이다. 영어에서 공손함, 존대를 표현할 수 있는 방법은 그렇다면 무엇인가?

한국어처럼 언어자체의 존칭표현은 적지만, 영어에도 '상황에 따른 격식과 비격식의 표현들(Formal & informal expressions)', 상용구들이 있다.

내가 업무상 종종 사용하는 표현들로, 'Please be aware of~', 'Please kindly review~', 'It would be grateful, if you could~' 등이 있다. 영어의 비격식부터 격식의 수위를 높이는 방향으로 가는 표현들을 보면, 아래와 같이 격식의 수위가 높아질수록 문장들이 길어지고, 이러한 상용구들은 적시에 적절히 사용하기 위해서 상용구 몇 가지에 대하여는 기억하고 있는 것이 유리하다.

- 비격식 Let me know when you are ready.
- 격식(일반) Please let me know when you are ready.
- 격식(중) Could you let me know when you are ready?
- 격식(상) Could you please let me know when you are ready?

한국어와 유사하게 영어도 배우면 배울수록 어렵다고 말하는 이유 중 하나가 바로 영어의 이러한 격식있는 표현, 상용구들 때문이다. 영어에서 공손하게 표현하고자 하면 할수록, 직접적으로 표현하지 않고 얼마나 우회적으로 표현하느냐에 따라 그 공손함의 차이가 있다.

영어에서 '공손한 표현(Polite expression)'은 한국어의 존대 표현처럼 상대의 연령, 위치에 따라 항상 고정적인 것이 아니다. 같은 상대라 해도 상황이나 조건에 따라 격식 있는 공손한 표현을 쓰기도 하고 그냥 비격식 표현을 쓰기도 한다.

즉, 한국어의 경우 상황에 따른 존칭, 비존칭이 아닌 상대의 연배, 직위 등에 따른 일관성 있는 존칭을 사용한다면, 영어의 경우 주로 상황이나 정황에 따른 사용으로 국한됨이 다른 것이다.

| 비즈니스 언어, 공손 표현이 기본 |

"한국 사람들과 커뮤니케이션 할 때, 이따금 한국인들이 사용하는 영어가 굉장히 '공격적(aggressive)'으로 들리는 경우가 있어요."

의외의 이야기 아닌가?

어떤 비즈니스 포럼에서 만난 나의 영-미계 지인들의 견해였다.

전 세계에서도 겸손하고 예의 바르기로 유명한 우리네 한국인들의 영어표현이 다소 공격적이라고 말하는 이유는 과연 무엇일까?

이는 아마도 영어의 다양하고 관용적인 공손한 표현(Polite Expression)과 관용구에 대한 활용 및 구사력 부족이 원인이 아닐까 한다. 즉, 불가피하게 영어의 경우도 관용적으로 사용되는 공손한 표현들을 외워야 활용이 가능할 텐데 이 부분이 부족할 경우 지나치게 직설적으로 표현하게 되기 때문일 것이다.

또 다른 이유는 한국사람들이 "절대, 제일, 완전히, 100%"처럼 영-미인들의 입장에서 지나치게 극단적으로 느낄 수 있는 표현들을 습관적으로 즐겨 사용하기 때문인 것 같다. 예를 들어, "절대로 옳다.", "나는 200 프로 확신해."처럼 한국인들끼리 한국어로 무리 없이 통용되는 표현을 영어로 그대로 번역하다 보니, 당연히 표현이 과장되고, 공격적으로 들릴 수도 있다.

"틀림없어 절대 옳아."와 같이 '절대적'을 강조하며 전달할 경우, 영-미인들 입장에서는 단 하나의 예외만 있어도 거짓이 되는 상황이기에 대표적으로 이런 표현들을 다소 극단적이라 여기고 잘 사용하지 않는다는 것을 이해하자.

영어의 공손한 표현들 몇 가지는 기억하자. 서면이든 구두상이든 적절한 타이밍에 품위 있게 활용하기 위해 말이다.

- Would you mind~?
- Please be aware of~.
- Please kindly~.
- It would be grateful, if you could~'
- Grateful, if you could~.
- Could you please~ ?
- I wonder if~.
- Do you think you could~?
- I don't suppose you could~.
- I wonder if you could~. …

현재지향 동사의 발달 '현재 중시 비즈니스 문화'

"라떼는 말이야…", "내가 왕년에 영업계를 주름 잡았지.", "내가 과거에 해봐서 아는데…"

시쳇말로 꼰대의 대표적 화법들이다. 한국은 과거의 전통과 역사, 경험이 존중되는 '과거지향적 문화군(群)'에 속한다. 과거의 업적과 역사에 가치를 두기에, 개인의 과거 경험, 경력의 연속선 상에서 현재의 문제들을 해결해 나가는 기준을 삼는다.

이런 성향은 취업이나 전직을 할 때 작성하는 이력서 작성 방식에서도 잘 나타난다. 오늘날에는 앵글로색슨 비즈니스 문화의 영향으로 미국식 이력서 양식이 보편적으로 사용되고 있어 국가간의 이력서 특징을 극명하게 구분하는 것이 쉽지는 않다.

그러나, 내가 직장생활을 시작하던 30여년 전 만해도 이력서 작성은 반드시 가장 오래된 직장 경력부터 최근의 경력으로 즉, 연대기식 작성방식을 따랐다.

현재의 자신이 얼마나 탁월한 능력을 가지고 있으며, 전도 유망한지를 설명하는 방안이 바로 과거 자신이 달성한 업적과 경력, 경험인 것이다. 또한, 이 경험들은 현재와 괴리되지 않고, 연속선상에 있는 것으로 생각하기 때문이기도 하다. 현재만큼 과거를 중시하는 '과거지향적 문화' 성향이 반영된 대표적인 예이다.

경력 소개 방식 차이: 한국식(과거→현재) vs 미국식(현재→과거)

미국식 표기는 반드시 가장 가까운 현재시점의 경력을 기준으로 과거의 경력내용을 역으로 나열해 가는 방식이다. 즉, 과거에 어떤 일을 했는지를 중점적으로 보기 보다는 현재 그리고 최근의 경력과 직무 연계성이 강한지 여부를 보는 것이 주안점이다.

영-미는 문화분류로 '현재지향적 시간문화'에 속한다. 바로 '현재'에 중점을 두기 때문에 기업 입장에서는 지원자가 보유하고 있는 현재의 실력과 능력을 가장 중요하게 여기며, 현재 기업이 당면한 핵심 문제들을 잘 해결할 수 있고 가까운 미래에도 기업을 위한 실질적인 성과를 이끌어 낼 수 있을지 없을지에 대해 더 많은 관심을 가진다.

이러한 현재지향적 또는 과거지향적 문화는 우리가 매일 사용하는 언어 속에도 우리가 인식하지 못하는 사이에 녹아 있어 각 언어를 통해 한 국가나 지역 사람들의 시간지향에 영향을 끼친다.

'현재지향적 시간문화'에 기반을 두고 있는 영어에는 '현재시제'를 표현하는 동사들이 특히 잘 발달되어 있다. 영어의 동사 표현에는 현재형 동사 외에도, 현재 진행형, 현재완료와 같은 '현재 기반의 시제 동사'들이 프랑스어나 독일어에 비해 매우 발달되어 있다.

우리는 이렇게 배웠다. 영어의 현재완료는 과거에 했던 동작 또는 상태가 '현재'까지 그 영향을 미치는 경우에 사용하는 시제이다. 단순히 과거의 사실만을 전달하고자 할 경우 과거형을 사용한다. 동일하게 과거에 발생된 사안이지만 현재완료를 사용할 경우 과거에 발생된 일이 현재에 어떤 결과를 끼치고 있는지 모호성을 배제하고 명확히 전달할 수 있다. 과거의 사안이지만 결국 현재에 좀 더 무게를 두고 말하는 것이다.

한국과 함께 과거지향적 문화에 속하는 프랑스어의 경우, '과거시제' 동사들이 매우 다양하게 발달되어 있음을 알 수 있다. 프랑스어에도 영어와 같은 유사한 표현이 있는데 복합과거형태로 'avoir+pp'형태이다. 그러나 차이점은 영어와 같이 과거와 현재의 연결성은 전혀 없는 것으로 단순한 과거를 표현할 때 사용한다. 프랑스어의 현재완료 형태의 복합과거는 영어의 과거표현과 유사하게 현재가 아닌 '과거' 시점에 무게를 두는 것이다.

영어가 현재지향적 시간문화 성향을 내재한다는 것을 보여주는 또 다른 사례는 '현재진행형' 표현이다. 프랑스어에는 영어와 같은 현재진행형이 따로 없고, 현재 진행하고 있는 표현을 위해서는 해당되는 숙어표현을 사용하여 표현하거나 동사의 현재형으로 표현하여 앞뒤 문맥과 주어진 상황에 따라 파악하게 된다.

각 문화마다 과거, 현재, 미래시간에 대한 가치부여와 그 중요도가 상이하다. '시간차원(Time Dimension)'에서 영-미계 사람들은 '현재지향적 시간문화'를 보유하고 있는 것으로 분류된다. 이 문화에 속하는 영-미 비즈니스맨들은 현재의 활동과 즐거움을 가장 중요하게 여긴다. '바로 지금, 바로 여기' 즉, 현재 눈앞에 당면한 이슈에 대한 즉각적인 영향과 성과를 매우 중요하게 생각하는 것이다.

여러분이 영-미계 기업에서 근무 중이거나 또는 영-미 비즈니스맨들이 상대 파트너라면 '현재'를 기준으로 여러분들의 비즈니스

시간을 즉시 맞추어 놓아라.

만약 영-미계 기업으로 전직 또는 취업을 준비 중이라면 이력서, 경력기술서 등의 서류뿐만 아니라, 면접, 인터뷰 시에도 반드시 모든 질문은 '현재'를 기준으로 답변해야 함을 꼭 기억하라. 이들은 '현재'를 중시한다.

PART 3

실천하라, 영-미 비즈니스 현장 속에서!

| 이제 실천하라, 영-미 비즈니스 현장 속에서! |

영국, 미국의 정치와 경제의 주류사회를 형성하는 사람들은 앵글로색슨이라는 뿌리에서 출발해 세계어로 자리잡은 영어를 공용어로 사용하고 있다.

1, 2차 세계대전과 자본주의의 첨병으로서 근, 현대사의 주요 정치, 경제 및 역사적 사건에 같은 보조를 취하고 함께 이끌어온 동반자 관계로 일반적으로 영국과 미국의 문화 특히, 양국의 비즈니스 문화는 유사점이 매우 많다.

그럼에도 두 나라간 서로 다른 시간, 공간, 자연, 관계 등 문화적 차원들과 더불어 정치, 경제, 사회, 종교, 교육 및 다양한 역사적 요인들로 인해 양국의 비즈니스 문화간 상이한 부분도 분명 존재한다.

그도 그럴 것이 수 천 년의 역사와 전통을 지닌 영국과 이제 겨우 250여 년의 역사를 지닌 미국간 역사적 배경 하나만 보아도 양국간 문화에 대한 관점 차이는 어찌 보면 당연하다 할 것이다.

이번 장은 비즈니스 실전에 대해 이야기하고자 한다. 언어와 문화적 특성이 어떻게 실제 영-미 비즈니스맨들에게 발현되고 기업 활동에 적용되는지가 관전 포인트이다. 이를 위해 우리들이 오랜 기간 몸소 겪으며 습득한 사항들을 〈실천하기!〉 라는 항목으로 표기하여 각 챕터에 담았다. 여러분들 현업의 상황에 맞게 반영하고 실천하기 바란다.

비록 우리는 시행착오를 겪으며 습득했지만 정리된 내용을 보며 여러분들은 시행착오 없이 실력을 한 단계 업그레이드 하기를 진심으로 바란다.

영-미 기업의 '조직 문화와 위계질서'

지난 25년여 나의 경력을 분류해보니, 해외기업 대 국내기업 근무 경력 비중이 약 6대4 정도이다. 국내 기업 근무도 대부분 글로벌 비즈니스와 연계성이 있었으니 대부분 나의 업무 경력은 국내보다는 해외 관련이라 할 수 있다.

만약 누군가 나에게 국내와 해외 조직을 비교할 때 "가장 큰 차이가 무엇인가요?"라고 묻는다면 나는 바로 "호칭이요" 라고 답하겠다. 호칭 하나만 꼽았지만, 그 뒷 단에 조직 문화, 위계 질서까지 내포하고 있음을 아마도 눈치 챘을 것이다.

조직 내에서 상사를 칭할 때, 한국에서는 심지어 외투법인이어도 깍듯하게 '사장님께서~', '○사장님~', '○대표님~'으로 연공서열에 준하여 예를 갖춘다. 전형적인 국내 기업문화와 다르지 않다.

그러나 글로벌 본사와 텔레폰 컨퍼런스를 하거나 해외 출장 시에는, 한국인 상사보다 연배가 훨씬 높은 글로벌 사장, 부사장, 임원들도 그냥 Jennifer, Patrick, Mary… 등 직책 없이 부른다.

호칭이 중요한 건 상대를 대하는 마음 가짐도 그에 따라가기 때문이다. 한국 기업에서는 늘 줄 선 정장을 입고 일하는 것 같은 경직됨이 있다. 반면, 글로벌 비즈니스 환경에서는 비즈니스 캐쥬얼로 두 눈 맞춰가며 동료같이 느껴지는 평등함, 편안함이 있다.

아무리 백발의 연세가 지긋한 글로벌 대표와 임원이어도 어깨동무하고 반갑게 포옹할 정도로 친근한 관계가 형성된다. 국내 기업의 대표이사와는 이런 친근함의 표현은 당연히 금물이다.

한국 기업들도 대기업이나 혁신적인 IT, 모바일, 게임분야 등에서 연공서열과 직급문화 파괴를 위해 직급을 단순화하거나 혹은 아예 없애고 직무위주로 조직편제를 하면서 영어 이름을 도입하는 등 평등한 직장문화 조성을 위해 다양한 시도를 하고 있다.

물론, 부작용도 있고 일부 기업들은 산업 성격상 기대한 만큼의 효과가 없어 다시 예전과 같은 서열식 직급체계로 회귀하는 경우도 많다. 아직까지 한국은 이러한 호칭 파괴문화에 있어 과도기적인 시기지만 그럼에도 큰 흐름에서는 과거의 연공 서열식 조직문화에서 점차 평등한 조직방향으로 이동하고 있다고 보여진다.

나는 이러한 호칭변화 경향을 다소 일찍 경험하였는데, MBA

졸업 후 미국에 본사를 둔 글로벌 유통업체에서 근무하던 시절이었다.

당시는 한국에서 이와 같은 조직문화 변화가 일어나기 훨씬 전이었다. 이 회사에서 나는 마케팅 부서의 Creative Manager로 근무하였는데 명함에는 이 글로벌 타이틀과 함께 한국식 '부장'이라는 직급도 표기하였다. 글로벌 기업의 지사로서 직급체계를 글로벌 기준에 맞춘 포지션 명칭과 한국 내 조직문화 관행 및 대외 활동을 감안한 한국식 직위의 병기 표기방식이었다.

조직 내에서는 규정상 직원들간 커뮤니케이션이나 회의 시 직원들의 영어 이름(Christine, Donald, Jade…)을 호칭으로 사용하였다. 한국 기업에서 근무한 경우, 나를 포함하여 직급을 부르지 않고 영어 이름을 호칭으로 사용하는 것이 처음에 다소 어색한 것이 사실이다.

그러나 적응이 되면서 호칭이 편해지니 좀 더 자유롭게 아이디어를 내고, 특히 반대 견해나 비판의 목소리를 내는 데 대부분 적극적일 수 있었다.

내가 일했던 부서는 마케팅 부서이다 보니, 여느 부서보다 창의적인 아이디어가 더욱 필요하고 중요했다. 따라서, 단순하다 할 수 있는 호칭의 차이가 만드는 결과물들이 우리가 생각하는 것보다 훨씬 질적, 양적 효과가 크다는 것을 좀 더 강하게 느꼈다.

기업 내 혁신, 전략 파트에서는 부서원간 격의 없는 수평적 커뮤니케이션은 필수적이다. 위계질서에 얽매이지 않고, 상호 더 나은 결과를 위한 비판을 하며 치열한 논쟁을 할 수 있어야 한다. 그래야 창조적인 아이디어들이 생산되고 경쟁력 있는 실행방안으로 이어지게 된다.

자유로운 토론이 이루어져야 할 회의에서 고위 임원인 상사가 제기한 아이디어에 일반 사원이 반대 의견을 제기할 경우, 자신의 의견을 말하기에 앞서 서두에 '전무님, 상무님, 부장님'과 같은 호칭을 사용하게 되면 호칭을 부르는 순간부터 격의 없는 토론이나 비판을 하는데 큰 심리적인 장애로 작용할 수 밖에 없다. 수평적 호칭이 심리적 장벽을 누그러뜨리고, 서로간 격의 없는 토론과 비판을 가능하게 함을 나는 몸소 경험하였다.

"혁신의 시작은 조직의 격의 없고 원활하며 수평적 커뮤니케이션에서 시작된다."는 것은 진리인 것 같다.

영-미 기업들의 직급체계는 단순하다. 호칭도 당연히 직원부터 사장까지 서로 이름(First name)을 부른다.

한국을 포함하여 몇 개의 대표적인 나라들을 조직 위계질서가 강한 곳부터 약한 쪽으로 일렬로 쭉 세워 놓으면 영-미는 어느 정도에 위치할까? 대체로 공감하겠으나, 위계질서가 강한 나라는 한국과 일본, 약한 나라는 북유럽 국가들이다. 영국-미국은? 그 중간 정도이다.

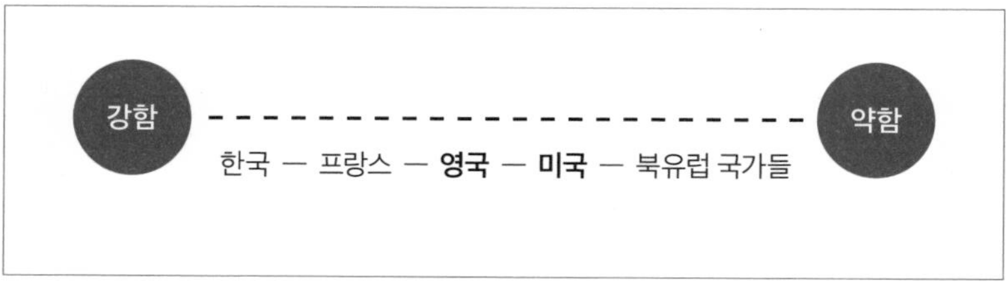

국가별 기업의 위계질서 문화도

두말할 나위 없이 한국과 일본은 강한 위계질서를 가진 문화이다. 이런 인식은 일본이 한국보다 좀 더 강하다. 일본의 경우, 상사가 이야기할 때 수용하는 자세나 태도가 한국보다도 훨씬 경직되어 있고, 더 예의 바르다. 절대 상사의 발언 중 끼어드는 법이 없다.

내가 글로벌 본사가 일본인 기업에서 일을 할 때에도 실무자들은 상사 앞에서 자신의 견해를 단독으로 제시하는 경우가 거의 없었고, 더욱이 상사의 견해를 반박하는 경우는 단 한번도 보지 못하였다.

| 영-미 기업의 위계질서 |

영국과 미국은 프랑스와 북유럽 국가들의 중간 정도의 위계지향적인 국가에 위치한다. 영국은 오늘날에도 기사훈장과 신분계급제도가 남아 있지만, 영국기업은 개방적이고 탈권위를 추구해왔기 때문에 미국기업 직급체계와 유사하게 비교적 단순하고 위계질서가 약하며 평등한 조직 분위기를 느낄 수 있다.

직급체계는 영-미 기업이 유사한데 기업마다 물론 차이는 있으나 대략 4~5단계 정도가 일반적이다.

- **회장/사장** Chairman, Managing Director, CEO
- **임원** Vice president, CFO, COO, CTO, CMO, Director
- **매니저** Finance Manager, HR Manager, Marketing Manager, Purchasing Manager
- **사원** Employee

전통과 격식을 중시하는 영국의 경우, 예로 영국대사관과 같이 공기관의 격식있는 행사 시 영국대사를 소개할 때, "Ambassador Charles Hey"라 소개하지만, 대사관조차 개방적인 조직문화로 격식을 차리지 않는 편이어서 내부적으로는 일반 직원들이 영국대사를 부를 때 "Charles"라고 이름을 부른다.

호칭의 자유로움은 자연스레 조직문화와 연계되는데, 영-미 기업의 회의석상에서 공개적으로 상사와 다른 의견을 표현하는데 거리낌이 없다.

한국 기업문화에서는 비즈니스 파트너들과 협력 시 나와 비슷한 직급과 일하기를 선호한다. 예컨대, 내가 부서장이면서 상대 파트너의 실무자와 논의하는 것이 아무래도 편치는 않은 문화이다.

영-미 기업의 경우 비즈니스 파트너 미팅 시, 참석자들의 위계적인 직급에 한국보다는 덜 신경을 쓰고, 직급의 높고 낮음을 떠나 미팅에는 업무 담당자가 주도적으로 참여한다. 더불어 같은 조직 내에서도 업무상 필요하다면 본인의 위나 아래로 조직단계를 건너뛰어서 해당 직원이나 임원의 사무실을 직접 방문하거나 전화로 커뮤니케이션하기도 하고 이메일을 직접 주고 받기도 한다.

그렇다고 영-미 기업에서 전혀 위계질서가 없다는 의미는 아니다. 이들도 철저히 업무 라인을 따라 윗선 보고를 하고 직원들이 보스를 어려워하기는 하지만 분명히 차이가 있는 것은 한국기업과 같은 상-하 관계는 아니라는 것이다.

한 가지 생각해보자. 회의실에 들어설 때, 한국과 일본은 윗사람이 먼저 입장하도록 배려하고, 아랫사람이 기다렸다 뒤따라 들어간다. 영-미 기업에서는 회의실에 먼저 도착하는 순서대로 입장해 상하 좌석을 구별하지 않고 안쪽부터 자리한다. 또한, 상사가 만약 여직원과 동시에 도착하였다면 여직원이 먼저 들어갈 수 있도록 문을 직접 열거나 잡아 주기도 한다. 회의 분위기도 상사가 불합리하다고 생각하는 경우에는 직원들은 언제든지 자신의 의견을 제기하고 수평적으로 토론하는 문화이다.

| 직위(Job position)에 대한 인식 |

한국 기업에서 매니저로 진급을 하려면 당사자의 능력뿐 아니라 연차와 내부 연공서열 등 여러 가지 요소를 고려하게 된다. 하지만 영-미 비즈니스에서는 '능력'이 가장 중요한 요소로 판단된다.

능력에 따라 진급을 하여 해당 포지션을 담당하게 되기에 능력만 있다면 젊은 나이에 빠르게 진급하는 것에 제약이 없다.

이렇다 보니 영-미 기업에서는 40-50대의 직원들이 자기보다 훨씬 어린 30대의 팀장, 매니저들과 좋은 관계를 유지하면서 일하는 것이 그다지 문제가 되지 않는다.

동서양을 떠나 직장 내에서 승진을 마다할 사람은 없을 것이다. 그러나 승진을 하고 중책으로 올라갈수록 연봉뿐 아니라 업무에 대한 범위와 책임(R&R: Role & Responsibility)도 그만큼 커지기 마련이다.

영-미 비즈니스맨들 사고 방식으로는 과중한 업무와 책임을 떠맡게 되는 것이 결국 본인의 자유시간을 어느 정도 희생함을 전제로 하기에 진급 자체를 목표로 하는 성향에 있어서는 한국에 비해 훨씬 덜하다. 승진이 아니더라도 정해진 시간에 생산성 높게 집중하여 일하고 나머지 인생을 즐기고 가족들과 시간을 보내는 것을 더 선호하는 것이다.

이런 경향이 어찌 영-미인들에게만 해당되겠나?

최근 한국의 젊은 세대들 가운데에서도 일과 삶의 밸런스를 강조하는 '워라밸'(워크, 라이프, 밸런스, Work and Life Balance 의미)이 하나의 문화로 자리 잡은 것도 결국 같은 맥락일 것이다.

| 이것만 지키자, '호칭 균형의 법칙' |

비즈니스 품위를 지키기 위해 실패하지 않는 호칭의 '원칙'은 무엇일까?

바로 '호칭 균형의 법칙'이다. 어떤 비즈니스 환경이든 나와 상대의 호칭은 상호 균형을 맞춰야 한다는 것이 이 원칙의 기반이다.

실제로 한국 비즈니스맨들이 미국 비즈니스맨들과 회의에서 종종 실례를 범하는 상황들이 발생하는데 대표적 예가 호칭과 관련된 것이다.

비즈니스 첫 만남의 자리에서 미국 비즈니스맨이 자신을 소개할 때, "I am Rob."이라고 이름(First name)으로 소개를 한다. 이어 한국 비즈니스맨이 자신을 소개하며 "I am Mr. Y. J. Kim."로 자기 성에 Mr. 붙여 자신도 모르게 스스로를 상대보다 높게 소개하는 경우가 있다. 바로 '호칭의 불균형'이 발생하는 것이다.

또 다른 경우로 한국 비즈니스맨이 자신의 한국인 상사와 상대인 미국 비즈니스맨을 제 3자 입장에서 소개해야 할 때이다. 자신의 한국인 상사에게 미국 비즈니스맨을 소개할 때는 그의 이름(예: 'Rob')으로 소개하고, 이어 한국 상사(예를 들어 사장인 경우)를 상대방에게 소개할 때는 "This is president Kim."이나 "This is Mr. Kim."으로 소개하는 경우가 종종 발생한다. 바로 '호칭 불균형' 상황인 것이다.

한국인 상사에게는 정중함을 다하는 표현이지만, 상대방인 미국 비즈니스맨에게는 실례가 되는 행동이니 주의해야 한다. 이쪽이 'Mr. Taylor'이면 저쪽이 대표이사든 회장이든 'Mr. Kim'이어야 한다.

실천하기

'호칭'에 있어 품위를 지키는 가장 쉽고 확실한 방법은 바로 '호칭 균등의 법칙'을 준수하는 것이다. 즉, 여러분의 비즈니스 상대와 나의 호칭을 동일하게 맞춘다면 언제라도 실수를 줄일 수 있다.

- 상대가 '이름'만 말한다면, 당신도 '이름'만 말하라.
- 상대가 '성+이름', 또는 '직책+성'으로 말한다면 여러분의 호칭도 상대와 동일하게 맞추어야 함을 기억하고 바로 실천하라.

영-미 기업의 '비즈니스 커뮤니케이션'

영-미 기업들 공통으로 의사 전달과정에서 짧고, 직접적이며, 모호성을 가급적 배제하는 쪽을 선호한다. (Short-Direct-Clear-Specific)

이들은 '구두(Verbal)' 방식 보다는 '문서(Written)'에 의한 커뮤니케이션을 선호하고, 가급적 모든 사안을 문서화, 기록화하려는 경향이 강하다. 비즈니스에 있어서도 업무 프로세스를 '매뉴얼화(化)'하고, 지속적으로 업데이트하고 구성원들을 교육시킨다.

영-미 비즈니스맨들과 업무상 전화통화를 하게 되면 전화로 나눈 통화 내용의 핵심 포인트를 정리하여 바로 이메일로 보내주는 경우가 많다. 상품이나 서비스를 권유하는 'Cold Call(전화 권유 영업)'의 경우에도 전화로 고객의 니즈를 파악하고 반영한 서비스 옵션과 더불어 가격 안내책자 심지어 계약서를 함께 이메일로 보내온다.

영미 비즈니스 문화 유입으로 국내 기업도 마찬가지나 여러 부서가 모여 미팅을 하고 나면, 회의 후에는 회의에서 논의된 주요 내용, 결정사항 및 추후 진행사항 등을 반드시 회의록을 작성하여, 전체 참석자들에게 공유하고 기록으로 남기는 것이 원칙화되어 있다.

| 미국 비즈니스맨의 커뮤니케이션 방식 |

미국은 비교적 짧은 역사적 기간 동안 다양한 민족과 인종이 함께 뒤섞이며 형성된 문화이기에 통일된 역사와 문화에 대한 공통의 인식이 낮을 수밖에 없다.

이런 배경으로 다양한 인종의 이종 문화간 접촉이 많고, 상호 의사소통에 있어서도 오해와 다툼, 분쟁 발생이 용이하기에 이를 명확히 하기 위해 가급적 간단하면서도 직접적이고 명확한 커뮤니케이션을 선호하는 경향이 강하다.

Twitter 정치가 유일하게 힘을 발휘하는 나라가 미국 아닌가?

"모호성을 걷어내는 커뮤니케이션은 미국 비즈니스에 있어 매우 중요하다. 대표적인 미국인들의 커뮤니케이션 방식은 '질문하기', '되풀이하기', '요점 되풀이하기'이다."

① '질문하기'

질문이 많지 않은 한국인 입장에서 볼 때, 영-미 학생이나 비즈니스맨들은 어느 자리든 정말 질문을 많이 한다. 글로벌 유학생들과의 수업에서도 어떤 경우는 수업의 맥이 끊어질 정도로 수시로 한 손을 치켜들고 기본적인 질문을 해대는 친구들이 있는데 대체로 미국, 영국, 독일 친구들이다.

영-미식 교육 방식은 이처럼 의문이 생기면 바로 바로 질문하고, 다소 엉뚱한 질문을 하더라도 좋은 질문이라고 격려를 받는다. 이런 방식이 내재되어 있는 영-미 비즈니스맨들 역시 업무상 의문사항이 있거나 문제 발생시 수시로 회의 및 대화 중 질문을 하는 것이 익숙하고, 대답하는 쪽에서도 이에 최대한 친절하고 성실하게 답변하는 것을 당연시한다.

② '되풀이하기'

이제는 국내 카페나 식당 등도 고객의 주문 오류를 없애기 위하여 고객으로부터 주문을 받고 직원들이 즉시 되풀이하는 방식으로 현장 교육 프로토콜을 확립하고 있다.

한국에서도 이제는 일반화된 주문 수령 방식이지만, 이런 시스템이 도입되기 전 시절, 나의 미국 출장 중 스타벅스에서 경험한 이 낯선 주문 방식은 당시 꽤 신선했다. 즉, 고객의 이름을 묻고, 주문 내용을 즉시 되풀이하고, 음료가 준비되면 대기 번호가 아닌 고객의 이름을 다정하게 외쳐주는 일련의 방식이 낯설지만 한편

신선했던 기억이다.

이와 같은 방식, 즉, '되풀이하기', 또는 '복창하기(Readback)'가 커뮤니케이션에 있어 절대적인 대표 분야가 바로 비행기 운항일 것이다. 조종사로 근무 중인 지인의 말에 따르면, 그 어느 직업 보다도 커뮤니케이션에 있어 극단의 명확성을 요하는 분야가 바로 이 항공 운항 분야이기에 관제사와 조종사간 주고받는 메시지의 근간인 'Readback(되풀이하기)' 방식은 매 초마다 끊임없이 이어진다고 한다.

'되풀이하기' 방식은 상대방이 나에게 표현한 내용에 오해가 있으면 즉시 수정하게 만들고, 크고 작은 오해로 인한 문제나 추후 논쟁을 줄일 수 있는 매우 효과적인 방법이다.

영-미 기업에서 일하거나 파트너 상대로 일한다면 회의 시 중요 포인트인 '되풀이하기(Readback)' 방식을 실천하자.

③ '요점 요약하기'

이는 상대방이 전달한 내용에 공감하고 상대방이 말한 내용을 확인하는 방식 중 하나이다. 상대방이 길게 전달한 메시지를 모두 반복할 수 없기에, 시간효율을 중시하는 영-미 비즈니스맨들은 상대방이 한 말을 '요약하여 정리(Wrap-up)'함으로써, 상대방이 이야기하려고 하는 내용이 제대로 전달되었는지 최종 확인하는 단계이다.

회의 후 논의되었던 내용들의 요점을 정리하여 회의록을 작성, 공유하는 것도 요점 요약하기, 되풀이하기의 특징이며 비즈니스 및 학계 발표 시에도 마지막에 전달하는 '핵심정리(Key learning point)' 역시 요점 되풀이하기 방식이다.

실천하기

영-미 기업에서 또는 비즈니스 파트너와 커뮤니케이션 할 때, 반드시 '모호한 것은 그 자리에서 질문하고', '지시 사항을 상대 앞에서 반복하고', '마지막에 간략히 핵심 사항에 대한 요점을 요약, 되풀이하라'.

이는 대면 커뮤니케이션 외에도 유선상 또는 텔레폰 컨퍼런스 시에도 같은 원칙으로 분명히 상대방인 영-미 파트너가 볼 때, 여러분이 매우 체계적이고, 능력있는 비즈니스 파트너라는 인상을 갖게 되는 중요한 접근 방식이다.

영-미 비즈니스맨들의 커뮤니케이션 특징 중 또 다른 한가지는 상황을 다소 과장되게 표현한다는 것이다. 영국과 미국 비즈니스맨들이 'Excellent', 'Brilliant', 'Great', 'Cool' 이란 단어들을 일상 생활에서 즐겨 사용하고 입에 달고 산다.

Good이나 Okay 상황에서도 Excellent나 Great로 좀 더 과장해서 표현을 하고, Okay를 사용하는 상황은 오히려 그리 좋지 않은 상황일 때 사용하기도 한다.

그러고 보니, 한 네트워킹 모임에서 과장된 표현으로 인해 다소 민망했던 한 상황이 떠오른다.

나의 지인들 중 과장된 표현을 즐겨 사용하는 '영국 비즈니스맨'과 같은 유럽인임에도 표현에 인색한 '독일 비즈니스맨'이 처음 만나 서로 인사하고 명함을 교환하였다. 영국 비즈니스맨은 상대방의 명함을 받고서 평소 입버릇처럼, "Great!(대단해요!)"라고 하였다. 명함을 교환해 받아 든 그 독일 비즈니스맨이 명함을 받고는, "왜 Great 이라고 말하세요?" 라고 직접 물어본 것이다.

영국 비즈니스맨이나 옆에 있던 나도 순간 당황스러웠다.

| 비즈니스 커뮤니케이션 - 핵심만 간략히, 24시간내 회신 원칙 |

비즈니스 커뮤니케이션에서 가장 중요하고 많이 활용되는 수단인 이메일 커뮤니케이션과 관련해서는 영-미 비즈니스맨들은 간략하고 요점 중심으로 작성된 메시지를 선호한다.

실천하기

앞 장에서 상세히 설명한 바와 같이 영국과 미국 비즈니스맨들에게 이메일 작성시 메시지는 짧고 간결할수록 좋다. 기본적으로 자신이 작성한 이메일 전체 길이가 컴퓨터 모니터 화면을 스크롤 다운하지 않아도 전달되는 정도를 기준으로 작성하여 보내는 것을 권고한다.

영-미 비즈니스맨들은 이메일 커뮤니케이션 시에 대체로 이메일을 받는 즉시 바로 답변 메일을 보내고, 회의나 약속이 있는 경우가 아니라면 거의 1시간 내에는 회신을 한다.

당일 받은 이메일은 그날 당일에 그리고 아무리 늦어도 24시간 이내에는 회신을 하는 것이 예의이다. 부득이 해외 출장이나 외부 회의로 받은 이메일에 바로 답신을 하지 못하거나 지연되면 회신이 늦어서 미안하다는 양해의 말을 담아 자동 메일 회신을 하도록 하는 것이 바람직하다.

실천하기

영-미 비즈니스맨들과 이메일 커뮤니케이션 시 즉시, 또는 늦어도 24시간내 회신함을 원칙으로 하라. 사안이 중하고 메일 내용이 복잡해 일의 규모를 당장 측정하기 어려워 바로 회신이 어렵다면, 우선 이메일을 잘 받았다는 내용과 Deadline을 정해 회신 주겠다는 이메일을 즉시 발송하라. 그 후, 약속일자에 맞춰 회신하는 것이 바람직하다.

여기에 한 가지만 더 추가하자면, 한국 비즈니스맨들 중 이메일 회신 시, "I will respond it sooner or later. (조만간 답장하겠다.)" 정도로 정확한 일자 언급없이 전달하는 경우들이 있다. 이 경우 영-미 비즈니스맨 입장에서는 언제 회신을 주겠다는 것인지 일자가 명확하지 않아 혼란스러울 뿐더러 "본인이 보내고 싶을 때 보내주겠다." 라는 오해를 부를 수 있으니 주의하자.

영-미 비즈니스 '토론과 의사결정'

한국인들에게 어려운 것 중 하나가 '토론'인 듯 하다. 내 견해에 대한 '주장'을 일방적으로 펼치거나 발표하는 것은 용이하나 나와 견해가 다른 상대방과의 토론에서 논리적으로 상대를 설득시키고 내 주장을 관철시키는 과정은 쉽지 않은 일이다. 특히나 비즈니스에서 감정이 개입되면 소위 하수(下手)로 취급되기에 이성적, 합리적, 논리적 태도를 유지하는 훈련이 기본적으로 중요하다.

글로벌 비즈니스라면 여기에 한 단계 더 중요한 측면으로 고려해야 할 것이 있는데, 바로 '상대방의 토론 문화를 이해하는 것'이다.

앞 장에서 나의 유학시절 글로벌 비즈니스맨들과의 상이한 토론 문화로 인해 발생한 해프닝과 어려움에 대해 여러분과 공유하였다. 한국식 '기승전결, 미괄식 토론방식'과 영-미, 독일식 '선(先) 결론, 후(後) 근거, 두괄식 토론방식'간 충돌 말이다.

실천하기

영-미계를 포함하여 글로벌 비즈니스맨들과 토론 시에는 항상 여러분이 주장하는 핵심과 결론을 먼저 던지는 '두괄식 화법'을 취하는 것이 유리하다. 토론 성공률을 높이는 방법 중 하나이다.

영-미 비즈니스 문화는 앞서도 보았듯이 평등한 호칭과 직급, 연공 서열에 영향을 덜 받는 평등한 커뮤니케이션으로 인해 토론 참가자들이 주제에 대하여 상하 격의없이 다양한 견해와 비판 및 토론을 펼친다.

한국 문화도 이제는 많이 바뀌었으나 여전히 상사의 견해를 정면으로 반박하거나 비판하기 쉽지 않은 문화이고 의견을 충분히 듣고 결정권자가 결국 결정하는 전형적 '하향식(Top-down) 의사결정 방식'을 취하는 경우가 빈번하다.

영-미 비즈니스 토론 문화에도 각각 차이는 있지만 공통적인 것은 상대적으로 상하 직급에 영향을 덜 받는 평등한 커뮤니케이션이 원활히 이루어진다는 것과 대체로 현장에서 결정을 내린다

는 것이라 할 수 있다.

| Bottom-up 방식 – 영국식 토론문화 |

영국식 토론을 한 마디로 얘기하라면 '상향식(Bottom-up) 의사결정 방식'이라 할 것이다. 영국인들의 토론문화는 초등학교 시절부터 시작된다. 수업 시간에 교사는 학생들의 토론참여를 적극적으로 격려하고 칭찬함으로써 자발적인 토론문화가 조성되도록 한다. 수업시간에 학생들이 엉뚱한 발언을 하거나 오답을 말하더라도 교사는 오답을 고쳐주거나 정답을 전달하는데 중점을 두지 않고, 토론을 통하여 자기 주장을 상대방에게 전달하고 상대방을 설득하며, 서로가 다른 생각을 공유함으로써 열린 사고를 갖도록 하는데 주력한다.

영국인들은 기본적으로 비판적인 사고를 하며 어떤 이슈에 대해 자신들이 납득되고 이해될 때까지 토론하는 문화로 미국식 토론문화에 비해 그 과정 및 시간이 더 오래 걸린다. 영국이 유럽연합을 탈퇴한 브렉시트(Brexit) 과정이 좋은 사례이다.

영국 대학이나 기업에서도 토론과정과 의견수렴 프로세스를 중시하며 토론 중에 의견을 개진하지 않고 침묵을 지키고 있는 사람이 있으면 가능한 침묵하는 사람들의 의견까지도 물어봐서 의견을 수렴하는 편이다.

영국 사회의 뿌리깊은 계급제도 전통은 여전히 존재하지만 대체로 영국 기업들은 탈권위적이고 개방적이며 정보를 투명하게 공개하는 편이다. 또한, 기업에서 여러 부서들이 연관된 어떤 이슈에 대해 결정을 내리고자 할 때, 그렇게 결정하게 된 이유를 관련자들에게 설명하고 관련자들로부터 많은 질문과 피드백을 청취하고 수렴하는 절차를 거친다.

영국 기업에서는 주요사항을 결정하거나 문제해결에 있어서 구성원 간의 자유로운 대화와 팀워크를 매우 중시하며, 가능한 많은 사람들로부터 다양한 아이디어와 의견을 수렴하여 주요 사항을 결정하는 편이다.

영국인들의 토론과 협상문화를 단적으로 볼 수 있는 대표적인 곳 중의 하나가 바로 영국하원이다. 의원들은 여당과 제1야당이 서로 맞은 편에 앉아서 토론하고 타협하며 협상한다.

영국인들이 주로 상대방과 토론 시 말을 자르거나 끼어들지 않는 성향임에도 대립적 의회 문화를 지닌 영국 하원 토론에서는 양측 의원들이 서로 상대방의 말을 자르고 끼어들기도 하며 다른 의원의 연설에 즉각적으로 반격하기도 한다.

이는, 영국인들의 보편적 성향이라기 보다는 영국하원에서 그 의원의 권위와 능력이 연륜이나 지위가 아니라 토론하고 논쟁하는 실력에 따라 국민에 의해서 평가되기 때문이다. 따라서 의원들은 서로 자기 이야기를 일방적으로 주장하는 형태로 상대방을 설득시키기 보다는 청중이나 국민들을 자기주장의 지지자로 끌어들이기 위해 토론을 하는 형세이다.

실천하기

영국 비즈니스 파트너와 토론 시 감정적으로 흥분하지 않고 진지하고 점잖게 '토론'하고 '설득'하는 것이 중요하다. 어느 경우 일부러 상대방을 흥분하도록 자극하기도 하기에 상대의 페이스에 말려서는 불리하게 된다.

이처럼 영국에서는 감정적으로 이해되지 않는 어떤 이슈가 등장해도, 이성적인 사고와 토론으로 자신들이 처한 문제점들을 분석하고 그 문제들을 해결할 수 있는 새로운 발전적인 방안을 만들어 내는 것이 중요하다고 생각한다.

영국 협상, 타협 방식을 대표적으로 보여주는 사례인 영국 의회의 '브렉시트' 토론과 합의 과정을 생각해보자. 2016년 국민투표 이후 2020년 1월 31일 EU 탈퇴 완료까지 무려 3년 7개월동안 영국하원에서의 지리한 토론과 합의 과정이 이어졌다.

만약 동일한 안건을 미국 의회에서 논의했다면 어떻게 되었을까? 찬반 결과는 알 수 없으나 확실한 것은 일찌감치 어느 방향으로든 결정이 났을 것임에 분명하다. 시간을 중시하는 미국이 하나의 결정을 두고 영국과 같이 3년여 이상의 시간을 끌고 갈리는 만무하기 때문이다.

| Top-down 방식 – 미국식 토론문화 |

미국의 토론문화는 합의에 의한 의사결정 방식을 취하되 비교적 '상의 하달식(Top-down)' 방식이다. 특히 기업 내 토론 문화에서는 리더가 토론을 주도한다. 참석자 중 의견을 말하지 않고 침묵하는 사람이 있으면 침묵도 동의로 간주한다.

앞서 영국식 토론방식이 의견을 표명하지 않는 사람에게도 의견을 묻고 수렴하는 방식이었다면 미국식 토론방식은 애써 의견을 확인하지 않는 쪽인 것이다.

기본적으로 평등주의 정신에 기반하여 참석자의 직위, 연공서열 등에 영향없이 의견개진과 토론을 하는 것은 영국과 유사하나 일반적으로 조직의 리더나 회의 중재자(moderator)가 토론 구성원들의 의견을 조율하고 종합하여 신속하게 결정을 내린다.

토론에 있어 시간개념도 영국보다는 미국이 훨씬 한정적이다.

비즈니스 회의에서 보스와 직원들간 의견이 상충하고 시간이 지나치게 많이 소요될 경우, "Who is boss here?(여기에서 보스가 누구지?)"와 같이 리더인 상사가 어느 정도 선에서 최종 결정을 내리기도 한다.

미국식 토론문화는 의사 결정 시 기본적으로 이해 당사자들간 토론을 통해 합의를 도출하고 문제를 해결함을 원칙으로 한다. 그러나 만약 당사자간 합의 도출이 어려운 경우, '시간'을 준수하여 가장 효율적으로 결과를 도출하고자 하는 경향이 강하다.

즉, 평등한 토론을 지향하나 '시간적 제한(Time limitation)'을 두고 영국 기업보다 좀 더 하향식(Top-down) 방식으로 의사 결정권자가 최종 결과를 이끌어 내는 방식이 미국식 토론 방식인 것이다.

영국의 위계질서로부터 탈출하고자 태평양을 건너고 광활한 대륙을 가로질러 서부로 이주할 때 개인주의 성향이 강한 미국의 개척자들은 '속도'로 인해 발생하는 리스크와 부작용에도 불구하고 다른 경쟁자들보다 빨리 도착하여 자신의 개척지를 확보해야 했다.

이런 역사적 배경과 '시간', '효율성'을 중시하는 문화로 인해 미국인들은 구성원들간의 합의를 이끌어 내는데 지나치게 속도를 지연하는 것을 지양하고, 때로는 부족한 정보라 하더라도 토론의 결정권자나 리더에 의해 투표를 통해 신속한 결정을 도출하는 방식을 선호한다.

"United we stand, divided we fall.(뭉치면 살고, 흩어지면 죽는다.)" 이는

미국인들의 의사결정에 대한 가치관을 보여주는 속담으로 가능한 빠른 다수결에 의한 의사결정이 일의 효율성과 성공으로 이어질 수 있다는 의식을 기반으로 한다.

실천하기

영-미 토론방식과 의사결정 방식은 이렇게 가치의 레버리지 차이를 보인다. 여러분이 중요한 토론과 의사결정의 상황에 있다면, 나의 상대가 누구인지 먼저 파악하고, 그들의 토론방식을 정확히 이해하는 기반에서 상대와 대면하라. 결국 비즈니스에 있어 토론의 승자는 자신이 의도하는 주장과 방향으로 결과를 관철시키는 자이기 때문이다.

영-미 비즈니스 '협상방식'

비즈니스맨의 협상은 운동경기로 치면 반드시 이겨야 할 파이널 매치와 같은 순간이다.

결론부터 말하자면 미국식 협상방식은 미국의 국가적 스포츠인 미식축구 경기처럼 모든 협상카드를 테이블에 올려놓고 본론으로 곧바로 들어가서 '신속'하게 마무리하는 방식이다.

반면에 영국식 협상방식은 영국 전통 스포츠인 럭비 경기와 같이 논리를 강하게 밀어붙이는 저돌적인 면은 미국방식과 유사하나 상황에 좀 더 융통성 있게 '타협'하고 유연하게 문제를 풀어가는 방식이다.

| 영국 비즈니스 협상의 키워드 '타협' |

영국 비즈니스 협상 방식은 한국 비즈니스 방식과 비교해 볼 때 당연히 더 직설적이다. 그러나 영국 비즈니스맨은 공공연한 갈등은 피하려고 하며, 이견이 있을 시에는 직설적으로 반대의견을 전달하기 보다는 상대방에게 상처를 주지 않으며 점잖고 매너있게 반대 견해를 전달하는 성향이다.

유럽 대륙의 많은 나라들이 유혈혁명을 통해 왕정과 귀족제도를 무너뜨리고 민주주의를 쟁취했지만, 영국은 중세 봉건제도가 무너지지 않은 채 영국에서 혁명과 변화에 대한 욕구는 '관용과 타협'에 의해서 해결되어 왔으며, 왕정과 대의민주주의가 융합되어 공존하는 독특한 사회구조를 가지고 있다. 이런 역사적 배경으로 왕정과 의회 민주주의가 공존하며 신-구교와 중도적인 성공회의 공존, 보수와 진보가 타협하며 공존한다.

당연히 영국 비즈니스맨들에게 있어서도 '타협(Compromise)'은 성공적인 비즈니스 협상을 위한 중요한 키워드이다.

실천하기

영국 비즈니스맨들과 토론 및 협상시, 직설적으로 나의 의견을 전달하기 보다는 다소 격식과 예의를 갖추고 설득하는 노력이 필요하다.

또한, 비즈니스 상황에 따라 부드럽고 유연하게 대처하며 상대방에게 '신뢰'를 주는 데에 무게를 두는 것이 나에게 유리하다. 영국과의 비즈니스 협상 키워드는 '타협'임을 기억하자.

| 미국 비즈니스 협상의 키워드 '신속' |

미국은 문화 분류 시, 신속성, 효율성, 직접적 방식을 선호하는 '저맥락 언어(Low-context language) 문화권'에 속한다. 미국 비즈니스맨들은 비즈니스 파트너와의 협상을 시작할 때 가능한 모든 협상카드를 숨기지 않고 테이블 위에 올려놓는다. 그리고 최대한 빨리 본론으로 들어가서 솔직하고 직설적인 화법으로 자기의 의견과 요구사항을 주저함 없이 상대방에게 전달한다. 이는 미국인들이 신속하게 협상을 마무리 하는 것을 선호하기 때문이다.

'시간 효율성'을 어느 가치보다 중요하게 여기는 미국 비즈니스 문화에서는 상대적으로 시간적 제약이 적은 한국과의 비즈니스 제안 및 협상 과정에서 종종 난관에 봉착하게 되는 부분이 있다.

상대방에 대한 배려의식이 강한 한국 비즈니스맨들의 경우, 제안 내용이 마음에 들지 않더라도 대놓고 상대에게 'No'를 하는데 부담감이 있다. 오죽하면 거절 잘하는 법과 관련된 서적들이 인기를 얻고 있겠는가? 직접적 거절 보다는 "고려해 보겠다.", "검토해

보겠다." 등의 여지를 남겨둔다.

미국 비즈니스맨은 직접적인 의사소통 방식에 익숙하기에 한국인들의 이런 공손한 대답이 공손한 거절이 아닌 어느 정도 검토 가능성이 있는 것으로 오해되어 불필요한 후속 제안 프로세스가 진행되기도 한다. 이들이 볼 때는 한국인들의 '체면치레'나 '관계' 중요성을 앞세워 비즈니스를 지연하는 방식이 다소 비효율로 인식될 수 있는 대목이다.

반대로 한국 비즈니스맨들이 볼 때에는 미국인들이 이해관계가 걸려있는 민감한 이슈들에 대해 Yes와 No가 너무 분명하고 냉정하다 할 정도로 자신의 의견을 내세운다는 생각을 갖게 한다. 또한, 충분한 고민과 고려없이 불도저처럼 저돌적으로 자기 주장을 밀어 붙인다는 인상을 받기도 한다.

미국 기업 내에서도 여러 조직들간 의견 불일치나 충돌이 발생할 때 전체적인 견해를 청취하고 장시간 수렴, 검토하기 보다는 가능한 빠른 시간 내에 한쪽 또는 쌍방의 양보를 통해 문제를 해결하려는 성향이 강하다. 이는 전체 합의보다 시간의 효율성에 좀 더 가치를 두는 사고방식 때문이다.

실천하기

미국 파트너들과 협상 및 토론 시 Time limitation을 항상 염두에 두어야 한다. 또한 의제에 대하여 명확하고 직접적으로 Yes, No를 전달해야 한다. 미국 비즈니스 협상의 키워드는 '신속'임을 명심하자.

| '협력'과 '소송'은 별개인 영국과 미국 |

미국은 전세계 인구당 변호사가 가장 많은 나라로 변호사들의 상업적 부추김이 있다고는 하지만, 다인종, 다문화 사회이면서도 개인주의적 권리의식이 높고, 역사적 배경으로 대화와 타협에 의한 문제 해결보다는 다수결 방식과 원칙에 따른 신속한 문제해결을 선호한다.

생활에서 일어나는 사소한 문제들까지도 대부분의 문제 해결책을 '법(소송)'에 의존하는 경우가 빈번한 것도 이런 성향 때문이다.

영국과 미국 비즈니스 협상 및 문제해결 방식을 이해하는데 추가로 한 가지 더 유의할 것이 있다.

영-미와 같은 앵글로색슨계 사람들은 어떤 이슈 발생 시 한정적 문제에만 집중하고, 그 사안을 '독립된 박스'에 두는 경향이 있다.

다시 말해 어떤 사안 발생 시 '공'과 '사'로 구분하고, 비즈니스에서도 어떤 지점에서는 협력을 하면서도 다른 파트에서는 이슈 제기 및 소송을 제기하는 것이 가능하다는 인식을 가지고 있다는 것이다. 관계 측면에서 이러한 문화를 '한정주의(Specific)'로 분류한다.

반대의 개념은 '분산주의(Diffuse)'이다. 이 문화에서는 사업상의 문제 상황이 발생하면, 그 상대 기업과 관련된 다른 모든 업무들로 이슈를 '확산'하는 경향을 띤다. 따라서 현재 당면한 문제의 해결 없이 다른 업무를 분리 독립하여 계속하려는 한정주의 비즈니스맨들의 태도를 이해하지 못할 뿐만 아니라 심지어 상대와의 전체 비즈니스 거래를 파기하는 상황에 도달하는 경우도 발생한다.

대표적인 사례로 삼성과 애플 소송 건이 있다. 이들 두 기업이 소송 전면전으로 돌입하기 이전의 기사들을 살펴보면 애플은 "삼성과의 소송과 협력은 별개 문제"라는 자세를 명확히 취한다. 즉, 이들의 비즈니스 문화에서는 협력과 소송은 각각 별개의 독립된 영역으로 한정하여 본다는 것이다. 삼성과의 특허 침해문제 소송을 치열하게 진행해 나가지만, 한편 기술적 상호 협력관계도 공고히 유지하는 것이다.

영-미 비즈니스맨의 '인간관계'

조직 내 개개인에게 가장 영향을 많이 끼치는 것 중 하나는 인간관계일 것이다. 영-미계 비즈니스맨들과 함께 하는 일터에서 이들과의 관계는 어떻게 관리해야 할까? 이들의 인간관계에 대한 인식은 어떨까?

영-미계 비즈니스맨들의 기본성향은 한마디로 '성취지향주의(Achievement-oriented)'라 말할 수 있다. 즉, 인간관계에 있어서도 관계 자체 보다는 업무적 성과를 보다 중시하며, 비즈니스와 개인적 관계를 명확히 분리하고자 하는 경향이 강하다.

다시 말하자면, 이들 영-미계 비즈니스맨들은 공(公)적인 일과

사(私)적인 일을 의식적으로 구별한다. 비즈니스는 비즈니스일 뿐, 개인적 관계는 비즈니스와는 별개라는 의식이다.

이들은 비즈니스와 개인관계를 섞는 것에 대하여 전문가답지 못하다는 인식을 갖고 있다. 그렇다 보니, 비즈니스상 의사결정을 함에 있어서도 친분관계보다는 '선착순(First come, first served)'과 같은 보편적인 원칙에 의해 업무처리가 이루어지는 시스템이다.

실천하기

당신의 영-미 비즈니스 파트너는 업무 성과를 관계 자체보다 중시하며, 시간문화 차원에서 '일원적 시간(Monochronic Time, M-Time)' 문화를 갖고 있다. 이 문화권의 비즈니스맨들은 정해진 시간을 가장 효율적으로 사용하기 위해 일정기간 어젠다를 세팅하고, 그에 맞춘 시간 스케쥴링을 세우고 준수한다. 이들에게 '시간'은 매우 중요한 가치이기에 상대방과의 시간 약속을 중시하고 시간의 효율성을 매우 중시한다.

자, 이들과 돈독한 인간관계를 유지하고자 하는가? 그렇다면 업무 외 시간을 내어 함께 술을 마시고 운동을 함께하며 사적인 관계 형성에 공을 들이겠는가? 아니면 상호간 공과 사를 명확히 하며 자신의 전문성을 높이고, 업무 성과를 향상시켜 진검 승부를 하겠는가? 답은 자명하다.

영-미 비즈니스 사회에서 '관계'는 개인적인 친분관계 보다는 비즈니스의 실현가능성에 기반하여 쉽게 형성되기도 하고 또 쉽게 단절되기도 한다. 상호간 비즈니스 활동을 통하여 형성된 쌍방간의 신뢰관계는 상대가 신뢰할만한 파트너라면 오랜 기간 좋은 관계를 꾸준히 유지할 수 있다. 그렇지 못한 경우, 아무리 오랫동안 개인적으로 좋은 관계를 유지하고 끈끈한 친분관계가 있다 하더라도 비즈니스 관계는 더 이상 유지하기 어렵다.

미국인들은 낯선 사람과도 비즈니스 사안에 따라 쉽게 우호적 관계를 맺는다. 때때로 미국인들이 "겉과 속이 다르다."는 평을 받는다. 이는 낯선 사람이어도 비즈니스 관심도에 따라 초반에 쉽게 가까워지나 이해관계가 종결되는 순간 쉽게 바뀌고 초반의 그 관계가 오래 지속되지 않기 때문이다.

개인차는 있지만 그럼에도 보편적으로 미국인들과의 관계에 있어서는 좀 더 비즈니스적 관점에서 접근하는 편이 유리하다.

반면, 영국 사람들은 겉이 단단한 '코코넛' 같아서 처음 만나는 사람들과는 어느 정도 거리를 유지하기 때문에, 처음부터 낯선 사람과 관계를 맺는 것 자체가 쉽지 않을뿐더러 친구가 되는데도 상당히 많은 시간이 소요된다. 이런 연유로 영국사회에서 관계를 형성하는데 '중개자 역할'을 하는 다양한 회원제 클럽들을 통해서 사교활동을 하는 것이 특이한 점이다.

| '쉽게 오고, 쉽게 가는 미국 비즈니스 관계 맺기' |

영-미 비즈니스맨들의 성향을 파악하였다면, 이제는 이들과의 관계 맺기에 대해 생각해보자.

나는 업무상 각 국가의 다양한 네트워킹 행사와 세미나에 자주 참석한다. 미국상공회의소 행사에 참석해 보면, 미국 비즈니스맨들은 네트워킹 모임이나 행사에서 처음 만나는 사람들에게 쉽게 호의를 표시하며 쉽게 다가와서 자기를 소개하고 인사를 나누며 참석자들과 자연스럽게 대화를 나눈다.

먼저 다가와 붙임성 있게 대화가 이어지기에 한국 비즈니스맨이 미국상공회의소 행사에 처음 참석하였다 해도 초면인 미국 비즈니스맨들과 편하게 인사를 나누고, 비즈니스 관련 내용을 이야기하는 것이 그다지 어렵지 않다. 그리고 그날 모임에서 만난 미국 비즈니스맨과 서로 이해관계가 맞는 비즈니스 이슈가 있으면, 쉽게 별도의 점심약속이나 사무실로 방문약속을 잡게 된다.

네트워킹 모임에서 미국 비즈니스맨들은 비교적 쉽게 대화 그룹에 들어오는데 그만큼 또 쉽게 대화하던 그룹을 떠나기도 한다.

이는 이들이 대화 상대와 충분히 대화를 나눴다고 생각하거나 향후 비즈니스 기회가 별로 없다고 판단할 경우로 점잖게 양해를 구하고 다른 대화 상대자나 그룹으로 쉽게 이동하는 것이다.

비록 당장은 서로 직접적인 비즈니스 이해관계가 없는 경우라도 한국과 남유럽 비즈니스맨들은 상대방 체면이나 개인적인 친분을 쌓기 위해 대화를 나누고 있던 사람이나 그룹으로부터 쉽게 떠나지 못하는 것과는 차이가 있는 것이다.

미국 비즈니스맨들은 무엇보다도 '시간'과 '실리'를 중시한다. 그렇기에 자신의 귀중한 시간을 낭비하면서까지 대화 상대와 자리를 지키기 보다 상대방에게 양해를 구하고 다른 비즈니스 기회가 있을만한 그룹으로 쉽게 옮겨가는 것이다.

실천하기

미국 비즈니스맨들과 인간관계는 '이해'와 '실리' 측면에서 접근하여야 한다. 개인적 친분이 쌓였다 하더라도 비즈니스에 있어서 공과 사를 명확히 구분해야 한다.

서로 조금 친해졌다 하더라도 상대방이 선을 넘는 무리한 부탁을 해올 경우 관계에서 부담을 느끼게 되고, 이 경우 대부분 미국 비즈니스맨들은 냉정하리만큼 명확히 거절하거나 일정 정도 거리를 두는 '제한적 친분관계'를 유지하는 것처럼 느껴지기도 한다. 이들과의 비즈니스 관계 형성은 상호 간 이해관계를 기반으로 윈-윈하는 방향에서 이루어져야 함을 알고 대하자.

| '시작부터 깐깐한 영국 비즈니스 관계 맺기' |

반면에 역사적인 배경과 섬나라라는 환경적 요인으로 이방인들을 극도로 경계하며 낯선 사람들과 친구되기가 어려운 내성적인 영국 사람들은 속마음을 잘 드러내지 않으며, 감정을 잘 표출하지 않는 성향이다.

전세계가 글로벌화되어 가면서 영국의 젊은이들도 개방적인 성향으로 바뀌어가고 있지만, 여전히 영국인들은 술집, 지하철, 길거리에서 생판 모르는 낯선 사람에게 말을 거는 일이 드물고, 누군가의 소개 없이 낯선 사람끼리 서로 사귀기가 용이치 않다.

네트워킹 행사장에서도 이런 모습을 자주 접하는데, 영국 비즈니스맨들은 대체로 친절하고 젠틀하지만, 처음 모임에 참석하는 낯선 참석자들에게 약간의 경계감을 보이며 바로 호의적으로 대하지는 않는다.

따라서 미국식 네트워킹이나 사교모임에 익숙한 사람들이 처음 영국모임에 참석한 경우에는 이런 냉랭한 분위기에 약간 당혹스러울 수도 있음을 유의하기 바란다. 무리 지어 대화를 나누고 있는 그룹에 나중에 혼자 끼어들기 어려운 분위기이기 때문에 누군가 제3자가 중간에 나를 소개해 주거나 중개자 역할을 해주면 대화 그룹에 끼어 교류하기가 훨씬 편해진다.

영국의 일반 대중들은 사교의 장으로 펍(Pub)을 많이 애용하지만, 영국의 전문가 그룹과 비즈니스맨들은 그들이 선호하는 다양한 '클럽(Club)'에 회원으로 가입하여 친구들을 만나고 교류하며 관계를 유지한다.

영국에서 클럽이란 신분, 지위, 관심사 및 취미가 비슷한 사람들끼리 서로 교류하고 친목을 도모하기 위해 만든 모임으로 대체로 회원제로 운영되며 주변의 아는 사람들의 추천을 통해 회원에 가입한다.

다소 폐쇄적인 영국 클럽모임에 외국인이 처음 참석하게 되면, 영국인들은 생판 모르는 이방인에 대해 호의적이지 않고, 다소의 경계심을 갖는다. 따라서, 영국인들 클럽모임이나 네트워킹 행사에 참석할 경우에는 중간에 자신을 소개 해주거나 중개 역할을 해 줄 수 있는 사람과 같이 참석하는 것이 바람직하다.

영국상공회의소 네트워킹 모임에 참석하였을 때, 나 역시 처음에는 영국 비즈니스맨들 소그룹에 끼는 것이 어려웠다. 만약 내가 그 당시 영국의 클럽 문화참여 방식을 이해하여 누군가 중간에서 나를 소개할 수 있는 '제3자'와 함께 참여했더라면 좀 더 자연스럽고 빨리 네트워킹 할 수 있었을 텐데 하는 아쉬움이 있다.

실천하기

여러분들이 영국 비즈니스 모임에 처음 참석할 경우, 가능한 그 모임의 기존 회원으로 활동하고 있는 사람을 미리 소개 받아 같이 참석하라. 가장 자연스럽게 그 모임에 소프트랜딩 할 수 있는 지름길이다.

참, 영국 비즈니스 네트워킹 모임에서 서로 처음 만나는 경우, 인사 및 소개하는 단계에서 명함을 주고 받는 경우도 있으나 한참 이야기를 나눈 후에 명함을 주고 받거나 헤어지기 전에 작별인사를 하면서 명함을 서로 주고 받는 경우들도 많으니 이점도 유의하기 바란다.

영-미 기업의 '실력주의와 능력주의'

기업을 이끄는 리더들의 가장 중요한 자질은 무엇일까?

앵글로색슨 국가들은 개인의 능력개발을 중시하는 교육제도와 조직사회의 경쟁에서 '능력'을 가장 우선시하는 '실력주의(meritocracy)' 전통을 가지고 있다.

기업조직에서도 실력에 의한 성취 외에 학력, 인맥 등 다른 요소들을 채용 및 승진 등과 귀속시키는 것은 구시대적이며, 비즈니스에 적합하지 않다고 믿는다. 따라서 기업에서 채용을 하거나 조직의 리더를 정할 때 관련 업무의 능력과 그 사람이 일궈낸 업무적 성과를 바탕으로 그 직무에 가장 적합한 사람을 선택한다.

세계화를 이끌어 온 쌍두마차, 영국과 미국 모두 경쟁이 극심하고 실력을 우선시하는 사회이다. 그럼에도 두 나라 중 미국이 좀 더 이런 성향이 강한데, 이는 미국의 서부개척 역사와 강한 개인주의적 전통 이외에도 개인의 능력개발을 중시하는 미국의 교육제도, 조직과 사회의 경쟁에서 능력을 가장 우선시하는 '실력주의' 전통이 복합적으로 맞물려 있기 때문이다.

영국 비즈니스맨들이 미국 비즈니스맨들을 평가할 때 조차 미국 비즈니스맨들이 더 경쟁적이고, 상품 및 서비스에 대한 상업화 능력이 훨씬 더 뛰어나다고 평가할 정도이다.

미국 비즈니스맨들은 조직의 경쟁에서 살아남고 성공하기 위해 실적과 성과에 특히 민감하고 자기 자신에 대한 셀프 마케팅이 뛰어나며 본인의 경험과 특출한 능력을 잘 포장하여 적극적으로 어필하는 타고난 마케터들인 듯 하다.

조직 내 업무는 각 업무 내용이 포지션별 명확히 규정되어 있고 프로세스도 매뉴얼화되어 있다. 또한, 각 포지션별 업무 권한도 명확히 규정화되어 있다.

미국 비즈니스 문화는 전형적인 '성취지향주의(Achievement-oriented)'인데, 기업에서 다른 어떤 요소들보다 '업무능력'을 직원의 최우선 평가기준으로 삼으며, 승진심사를 할 때도 개인의 객관적인 능력과 업무성과를 가장 비중 있는 기준으로 삼는다.

또 한가지 이해할 것은 미국 사회에서는 해당 분야에서 개인의 능력이 출중하다면 다른 부분이 덜 부합되더라도 즉, 인성, 학벌 등 요소들이 충족되지 않아도 성공할 수 있는 가능성이 상대적으로 높다. 한국에서처럼, 개인적인 능력뿐만 아니라 인성, 인간관계, 좋은 레퍼런스를 가져야 성공 확률이 높아지는 것과 다소 차이가 있는 것이다.

예를 들어, 미국에서는 스케이트만 잘 타면 인간성이 별로 좋지 않아도 국가대표로 선발되거나 개인적으로 사회에서 승승장구 성공가도를 달리는데 문제가 없다.

한국사회에서는 김연아 선수처럼 스케이트를 잘 타는 것은 기본이고 인간성도 좋고 인간 관계와 이미지 관리도 잘 해야만 장기간 성공의 위치를 유지할 수 있는 것이다.

미국과 영국 모두 '실력'을 중시하는 '성취지향주의 문화(Achievement-oriented culture)'이지만 영국 기업문화는 아직 일부 '귀속주의(Ascription-oriented)' 전통이 남아 영향을 미치고 있다. 오늘날에도 영국은 귀족과 평민의 불합리한 신분제도와 전통들이 드러나지 않지만 존재하고 있다.

물론, 영국 비즈니스맨들에게 있어 이러한 전통적 질서는 구식의 낡은 제도라는 인식이 지배적이며, 대부분의 영국기업들에서 이런 귀족제도의 계급질서 전통 영향력은 매우 약화된 것이 사실이다. 그럼에도 일부 상류계층과 보수적 기업조직 문화에 이런 전통들이 기저에 깔려 있다.

1960년대 이후로 영국대학교에 '평등주의' 바람이 불면서 영국 대학들은 '신분중심'에서 '능력중심'으로 변화했다. 또한, 이에 맞춰 영국기업도 전반적인 변화가 진행됐다.

영국기업들은 권위로부터 자유로워지고, 능력과 실력에 따라 진급하고, 대우받는 '실력주의(meritocracy)' 풍조가 자리 잡았으며, 이를 중시하는 젊은 세대로 교체가 이루어지면서 귀족제도에서 유래한 위계질서나 권위적 요소가 점점 사라지고 있다. 특히 다른 나라들과 마찬가지로 산업 중에서도 개방적이며 혁신적인 IT, 테크놀로지, 스타트업, 벤처 산업 등이 개인의 능력과 실력을 중시하는 사회적 풍토로 급진적으로 이끌고 있다.

전반적으로 영국의 기업조직도 나이에 제약 없이 능력만 있으면 진급하고 리더가 되는 실력주의 사회로 변해왔다. 조직 내 팀을 리드하는 팀장이 30대이고, 같은 팀에서 일하는 컨설턴트가 50대인 경우도 흔하며, 나이에 구애 받지 않고 기능, 전문성 중심으로 팀을 형성한다.

여기에는 서열 파괴와 같은 실력주의 의식 외에도, 과거의 경험을 중시하고 선례를 따르는 영국의 경험주의 문화도 연계되어 있다. 따라서, 실력이 출중한 신진 젊은 리더들에 대한 인정과 함께, 경험이 많은 시니어와 전문가들 역시 존중받는 조직 내 문화가 공존한다.

영국 기업에서 임원이나 시니어는 단순히 나이가 많고, 연공 서열상 권한을 가진 높은 지위에 있어서만 권위가 수용되는 것은 아니다. 조직의 리더로서 앞장서서 실천하고, 특히 전문 경험이 풍부하고 직원들을 리드하며, 무엇보다 성과로써 조직에 많은 기여를 하기 때문에, 직원들로부터 존경을 받고 리더로서의 권위를 형성한다. 영국 기업의 경우, 임원들이 일반 직원보다 2~3배 이상의 연봉을 받지만, 이보다 훨씬 높은 비율의 업무 기여를 한다.

영국은 일부 '귀속주의' 전통을 기저에 가지고 있으나, 그럼에도 영국과 미국 두 나라 모두 개인의 실력과 능력을 중시하는 대표적인 '성취주의' 문화 국가들이다.

따라서, 영-미 기업들은 조직원들이 본인에게 주어진 임무와 기능을 어떻게 수행했는가에 대한 철저한 업무성과를 바탕으로 평가한다. 또한, 연공서열 및 근무연수 자체를 노련함과 능력, 노하우, 충성도로 평가하지 않음도 주지해야 한다.

실천하기

영-미 기업의 조직원이 되었거나 그들과 파트너십을 가지고 있다면, 내 개인적 '실력' 배양과 '업무 성과'로 인정받아야 한다. 여러분의 경쟁력은 여러분 자신이 지금까지 쌓아온 성과와 실력이다. 돈독한 인간관계, 학연, 지연은 영-미 기업에서는 부차적인 요인들이다.

영-미 비즈니스맨의 '매너있는 거리감(Distance)'

비단 비즈니스에서뿐 아니라 삶에서 개인대 개인간 거리 –공간적, 심리적 거리감(distance)–에 대한 개념을 이해하는 것이 비즈니스 품격을 높이는데 매우 중요하다.

독일에서 학업 초기에 받았던 교육 중 한 세션에서 강사가 이런 얘기를 했던 기억이 난다. "German loves distance. (독일인들은 '거리감'을 좋아합니다.)"

비즈니스 관계에서뿐만 아니라 일상 생활에서도 '거리감'을 선호하는 독일인들의 성향은 대중 교통만 이용해도 쉽게 확인이 가능하다. 낯선 상대방에 대한 경계의 눈빛, 가까이 가면 완연히 보이는 불편한 기색, 웬만하면 붙어 앉지 않으려는 몸짓 등이 그렇다.

그렇다면, 영-미 비즈니스에 있어서의 거리감과 몸짓(제스처)에 대한 인식은 어떠할까?

영국과 미국인들은 공히 자신의 사적 영역을 확보하려는 경향이 강하다. 이 때문에 앞서 본 독일과 마찬가지로 상대방과 일정 거리를 두어야 안심이 되고, 신체 접촉도 남유럽 사람들에 비해 매우 적다.

당연히 영-미 비즈니스 환경에서는 친밀한 관계라도 어느 정도 공간적 개념의 '거리감'을 두고, 당연히 민감한 제스처인 포옹이나 볼 키스 등 신체 접촉도 거의 하지 않는다. 영국과 미국 비즈니스맨들은 처음 만나거나 오랜만에 다시 만나는 경우에는 일반적으로 악수를 하지만, 일상적으로 자주 만나는 경우에는 악수 없이 인사말로 대체하는 경우가 많다.

실천하기

기본적으로 영-미 비즈니스 문화에서는 부담스러울 정도의 근거리 밀착이나 신체적 접촉은 삼가는 것이 바람직하다. 비즈니스 상담이나 대화 시 가급적 상대방과 일정한 '거리'를 유지하라.

영국 비즈니스맨들은 독일인들과 비슷하게 상대방과의 거리감을 유지하는 것을 선호한다. 친분이 있다 하여 적극적으로 밀착하여 다가가거나 상대방을 터치하지 않는다.

또한 이들은 주변을 의식해서 자신의 행동을 삼가는 편이고, 몸동작도 과하게 많이 사용하지 않으며 대화 시에도 점잖게 작은 목소리로 이야기 하는 편이다. 약간은 내성적으로 보이기도 하는데, 나이와 관계없이 일반적으로 비슷한 성향이다.

배경을 살펴보면 이해가 간다. 섬나라 영국은 켈트족, 라틴족, 앵글로색슨족, 노르만족 등 그들과 이질적인 문화를 가진 다양한 민족들이 쳐들어와 싸우고 화해하면서 살아온 역사를 가지고 있다.

따라서 영국인들은 상이한 기질과 문화를 가지고 있는 상대방을 자극하지 않도록 행동과 말을 항상 조심하는 습관이 배어 있고 좀처럼 자신의 내면을 밖으로 드러내지 않는다. 이런 배경으로 영국인들은 타인, 특히 낯선 사람을 잠재적 위협으로 간주하고 경계하며, 혹시 모를 공격에 대비해 자신의 영역을 확보하고 방어하기 위해 항상 긴장하고 있으며, 언제나 일정 '거리'를 유지해야 안심을 하고, 본능적으로 타인이 자신만의 영역을 침범하는 것에 대해 알르레기적인 반응을 보인다.

영국의 왼쪽 통행 습관은 과거 중세 갑옷의 기사들이 말을 타고 오른손으로 서로 칼싸움을 하던 전통에 따라 적으로부터 자기를 방어하려는 습성에서 유래했다.

남유럽 사람들이 어느 정도 안면만 있으면 서로 껴안고 살갑게 볼 키스를 하는 것과 달리, 영국 사람들은 상대에 대한 방어적 성향이 있고 친한 사이라도 웬만해서는 밀착이 되는 신체접촉 보다는 일정 거리를 유지하며 악수하는 것을 선호한다. 반면, 미국 비즈니스맨들은 영국보다는 외향적이고 적극적이며 과한 몸짓과 큰 목소리로 이야기한다.

실천하기

여러분들의 상대 비즈니스 파트너가 영국인이라면 대화 시 친분을 표현하기 위해 너무 밀착하거나 적극적인 손 터치를 하지 말라. 또한, 대화 시 지나치게 큰 몸짓으로 과장되게 표현하거나 큰 목소리로 말하는 것은 피하고, 약간의 공간적 거리감을 유지하는 것이 상대에게 호의를 표하는 방법이다.

사무공간과 관련하여서는, 한국이나 영국, 미국 공히 유사하게 기업의 임원들에게 독립된 사무공간을 제공하고, 부서 직원들은 오픈 사무공간에 파티션을 설치하고 근무를 하는 것이 일반적이다. 차이가 있다면, '공간'='권위'를 상징하느냐 여부, 공간의 개방성을 적극 수용하느냐 여부라 할 수 있다.

최근에는 한국 기업들도 업무 효율성을 높이기 위하여 공간 기획에 공유 개념을 도입하는 사례가 많다. 스마트 오피스로 공유공간 활용을 하거나 임원실을 회의실 활용과 겸하는 노력 등이 그러하다. 그럼에도 많은 기업들은 여전히 사장이나 임원의 방을 단독 사용 공간으로 두는데, 이는 공간 자체를 권위의 상징으로 인식하는 것이다.

미국이나 영국기업의 대부분 임원들은 직원들에게 '자기 방을 개방하는 정책(Open door policy)'을 취한다. 앞서 언급한 한국의 최근 공간 활용도 측면의 스마트 오피스, 임원실 회의실 겸용과 같은 제도는 미국, 영국 기업 문화에서는 이미 오래 전부터 수용해 온 방식이다.

일반적으로 비교적 보수적이라고 느끼고 있는 영국 대사관도 과거에는 모든 상무관들에게도 독립적인 방을 제공했으나, 10여년 전부터는 대사와 부대사, 보안 및 기밀 업무를 책임지는 군인 외교관들을 제외하고는, 모두 '열린 공간(Open space)'에서 업무를 하고 있다. 여러 차례 영국 로펌 방문 시 확인하니 대체로 한 방을 두 명의 변호사들이 공동 사용하고, 한국과 달리 시니어급인 파트너 변호사나 일반 변호사들이 사용하는 방의 크기나 규모 면에서 차이가 없이 서로 비슷했다.

비즈니스에서 '거리감', 정서적이 아닌 공간적 거리감은 필수적이다. 특히, 영-미 비즈니스맨들처럼 개인 공간에 대한 의식이 강한 상대라면 더욱 그러하다.

영-미 비즈니스맨의 '개인주의 성향'

"An Englishman's home is his castle. (영국인의 집은 그 만의 성이다.)" 라는 영국속담이 있다.

영국인들은 누구든지 자신의 집에서는 성주(城主)로서 자신만의 삶을 살며, 외부로부터 어떤 간섭도 받지 않을 권리가 있다고 생각한다. 개인주의 성향이 강한 영국인들은 자신들만의 고유한 불가침 영역을 설정하고, 이 영역을 서로 침범하지 않는 것이 사회적 인식이다.

이를 반영하듯, 영국사람들의 집과 건물 곳곳에는 'Private(개인 사유의)' 이라는 표지판이 눈에 자주 띈다.

영국 주택 'Private' 표지판

영국과 미국 비즈니스맨들 모두 개인주의적 성향이 강하다. 조직 내에서도 개인의 사생활을 중시하며 나를 포함한 한국 비즈니스맨들처럼 비즈니스 관계형성을 위해 개인시간을 일부러 적극적으로 투자하는 것을 선호하지 않는다.

일전 비즈니스 모임에서 만난 영-미 비즈니스맨들의 대화가 재미있어 소개한다. 한국 기업에 근무하거나 근무한 경험이 있는 이들에게 한국에서 일하면서 힘들었던 것이 무엇인지 물어봤다.

그들의 대답은 의외였다.

그들의 애로사항 중 하나는 매일 같은 부서 동료들과 점심을 함께 먹으러 가야 하는 것과 또 매번 같이 먹으러 가자고 제안 받는 것이라 하였다.

생각해보니 공동체 의식이 강한 한국 동료들은 당연히 함께 일하는 동료를 배려하여 함께 식사하기를 권할 텐데, 개인주의적 성향이 강한 영-미계 비즈니스맨들에게는 한국식 공동체 문화, 집단문화가 부담일 수 있겠구나 하는 생각이 들었다.

실천하기

사전 약속되지 않은 당일 한국식 '즉석' 술자리에 대한 초대는 영-미 비즈니스 문화에서는 가급적 지양해야하는 것으로, 상대 영-미 비즈니스 파트너에게는 다소 당황스런 제안이 될 수 있다. 특히나 업무시간외 개인 시간에 영-미 비즈니스맨들과 친목의 술한잔을 계획한다면, 최소 1~2주 전에는 미리 사전 약속을 하는 것이 예의다. 또 하나 주의 사항은 개인의 사생활을 중시하기에 비즈니스맨들간 담소(Small Talk)시에도 개인적 질문은 금물이다.

식사 이야기가 나왔으니 음식문화를 시간 개념과 연계해 생각해보자.

문화 분류에서 '시간'에 대한 개념은 '동시적' 인가 또는 '순차적'인가로 나뉜다. 한국은 전형적인 '동시적 시간문화'로 음식 문화에 있어서도 한꺼번에 동시에 즐기는 음식문화를 가지고 있다.

한국의 음식문화는 오감을 통해 느끼며 음양의 조화를 갖추면서 동시적으로 즐기는 문화이다. 우리네 전통 음식문화를 생각해보면 커다란 교자상에 육해공 메인 요리와 밥, 국 등 전체가 한 상에 차려져 한꺼번에 제공된다. 상다리가 부러질 정도로 한 상 가

득 차려진 교자상을 두 사람이 한번에 들고 들어와 서빙하는 방식인 것이다.

반면, 영-미인들은 그들의 '순차적 시간문화'와 맥을 같이하여, 음식문화도 '전채-메인-후식'의 순으로 순차적으로 서빙이 이루어지는 반면에, 오늘날 가장 미국적인 대표 음식문화로 상징되는 패스트푸드 음식은 '시간 효율성' 측면이 반영된 음식 문화의 산물로 볼 수 있다. 즉, '속도'와 '시간효율'을 중시하는 미국 사회에서 저렴한 가격으로 대중들에게 인기를 얻고, 빠르고 한번에 영양을 섭취할 수 있는 효율성 높은 음식 문화가 바로 패스트푸드 방식인 것이다. 분, 초를 다투는 현대의 무한경쟁 속 비즈니스 메커니즘에 매우 부합하는 음식 코드이기에 미국의 대표적 음식문화로 전 세계 곳곳에 퍼져나간 것이다.

한국과 같은 '관계지향적인 문화'에서는 혼자 식사하는 것이 다소 불편한 상황이겠지만, 미국 비즈니스맨들에게는 우리만큼 불편한 상황은 아니다. 이들은 혼자 간단히 샌드위치나 패스트푸드 음식 등으로 식사를 하고 중요한 개인시간을 방해 받지 않고 즐기는 것이 시간 효율성 측면에서 훨씬 유용하다고 인식한다.

영국은 어떠한가? "영국은 먹는 것보다 마시는 것이 더 발달한 나라다."는 표현이 있듯이 커피와 차를 즐겨 마시는 문화이다. 영국의 차 문화가 발달한 것은 역사적으로 영국 식물학자가 중국의 차 종자와 재배기술을 가져와 영국의 식민지였던 인도, 스리랑카에서 차 재배가 가능해지면서부터다.

차를 마시는 것이 영국인들 일상 중 하나로 많게는 하루에 대여섯 번 정도 티타임을 가질 정도로 차를 즐겨 마시는 문화이다. 일상에서 '아침 차(Morning tea)', 오전 11시경 '티 브레이크(Tea break)', 점심 후 후식 차, 오후 4시경 '오후 티타임(Afternoon Tea time)', 저녁 후, 마지막으로 잠자리에 들기 전에 몸을 따뜻하게 하기 위해 차를 마신다.

과거에는 차가 사람들간 사교 및 관계의 수단으로 적극 활용되었다 하는데, 주로 오후 티타임인 Afternoon tea time에 초대하였다 한다.

여러분의 비즈니스 파트너가 영국인이라면 티타임을 적절히 활용하여 그들과 관계를 유지하는 것도 좋은 방법이 될 수 있다.

실천하기

개인주의적 사고방식을 가지고 있는 영-미계 동료들에게 지나치게 한국식 관계주의적, 공동체 방식을 적용하는 것은 바람직하지 않다. 물론, 한국식 정서로는 혼자 남아 있는 그들이 마음에 걸리는 것이 사실이다. 그러나, 그들이 원하는 것은 동료와의 끈끈한 인간관계 구축보다 개인의 소중한 시간을 방해 받지 않는 것임을 이해하라.

"우리 점심식사 갈 건데, 당신 혼자 식사 하기를 원합니까, 아니면 우리와 함께 가기를 원합니까?" 이 책을 읽고 이들의 문화를 이해하신 여러분들이라면 이제 그들에게 물어보라, 우회하지 말고 직접적으로.

아마도 여러분은 글로벌 비즈니스에 이제 막 입문을 하였거나 아니면 이미 인정받는 비즈니스 고수일 것이다. 우리가 매일 치열하게 경쟁하고 있는 비즈니스 현장은 정글과 같다. 우리는 그 수많은 불확실성과 무한 속도전의 비즈니스 정글을 헤치고 달려가는 비즈니스 전사들이다.

성공적인 비즈니스와 더불어 비즈니스의 품위를 좌우하는 것은 비즈니스에 대한 통찰력과 디테일이다. 특히 사소해 보이지만, 작은 디테일을 간과하는 것은 당장은 눈에 뜨이지 않는 차이지만 당신이 뛰면 뛸수록 먼 거리를 달려가면 갈수록 그 차이는 크게 벌어진다.

이 글을 읽어주신 비즈니스 고수 여러분들은 글로벌 비즈니스 품격을 한층 더 높이는데 한번쯤 자신을 되돌아보고 그간 간과해 온 작은 디테일에 집중하는 계기가 되셨기를 바란다.

비즈니스 입문자분들은 이 책이 여러분의 글로벌 비즈니스 목표를 성취하는데 조금이나마 덜 시행착오를 겪으며 실력과 품격을 동시에 쌓을 수 있는 유용한 도구로 활용되어 지기를 희망한다.

자, 모든 비즈니스맨들을 응원하며 외친다.

"우리 이제 품위있게 글로벌 비즈니스 합시다!"

에필로그

우리가 비즈니스 문화에 대한 관심을 바탕으로 각국의 언어와 고유한 비즈니스 문화에 대해 본격적인 연구를 시작하게 된 계기가 있었다.

바로 미국 남캘리포니아대학 소오톤 음악학교(Thornton School of Music, University of Southern California, USA) 심리학과 다이애나 도이취(Diana Deutsch) 교수 등이 저술한 '중국어와 절대음감(Absolute Pitch & Tone Language)의 상관관계' 연구 내용을 접하고 난 뒤였다.

유학 중 우연한 기회에 European Politics 과목에서 '문화차원모델(Cultural Dimension Model)'과 '국가문화모델(Hofstede's Model of National Culture)'을 바탕으로 프로젝트를 수행하는 기회를 갖게 되며 관심은 더욱 깊어졌다. 이를 계기로, 영-미, 독일과 프랑스, 한국 등 비즈니스맨들이 주로 사용하는 언어와 비즈니스 문화와의 관계를 꾸준히 조사, 연구 및 정리해 왔고 이를 바탕으로 이번에 본 책을 출간하게 되었다.

이 책이 나오기까지 무려 15년이란 세월이 흘렀다. 그 긴 기간 다양한 국가의 다양한 분야에 계신 많은 분들이 조언과 도움을 주신 덕분에 가능한 일이었다.

국가별 비즈니스 문화와 일반문화에 대한 우리의 방대한 우문(愚問)과 호기심에 대해 현답(賢答)을 주신 국내 및 외국상공회의소 단체들의 수많은 임직원 분들과 이 단체들을 통해 오랜 소중한 관계를 이어오고 있는 각국 비즈니스맨들 및 다양한 국적의 친구분들께 재차 진심 어린 감사 인사를 드린다.

도움을 주신 기관

- 미국상공회의소(American Chamber of Commerce in Korea)
- 영국상공회의소(The British Chamber of Commerce in Korea)
- 캐나다상공회의소(Canadian Chamber of Commerce in Korea)
- 유럽상공회의소(European Chamber of Commerce in Korea)
- 한독상공회의소(The Korean-German Chamber of Commerce & Industry)
- 한불상공회의소(French Korean Chamber of Commerce & Industry)
- 한-스위스 비즈니스 카운슬(Swiss-Korean Business Council)
- 왕립아시아학회 한국지부(Royal Asiatic Society - Korea Branch)

- 한국독일동문네트워크(ADeKo, Alumninetzwerk Deutschland-Korea)

이외에도 각 국가의 다양한 역사와 문화에 대한 인터뷰 요청에 귀중한 시간을 내어 참여해 주시고 유익한 피드백과 생생한 실전 사례를 제공해 주신 많은 분들께 이 지면을 빌어 특별한 감사의 마음을 전하고자 한다.

도움을 주신 분들

- SIMT(Stuttgart Institute of Management and Technology), Dr. Hans J. Tümmers 교수님
- 인천대학교 독어독문학과 이지은 교수님
- Royal Asiatic Society Korean Branch, Brother Anthony 회장님
- Robert & Jade Barnwell 부부
- 퍼듀대학교 GloKoNet 윤재영 회장님
- 법무법인 세종 존 최, 필립 신, 록키 유 선임외국변호사님, Arie Eernisse 외국변호사님, 황백림 前외국변호사님, 최병선 파트너 변호사님, 강효영 고문변호사님, 천종환 前회계사님
- Client Wizard社 Gareth Thomas
- 英저널리스트 Andrew Salmon
- Imperial College London 박예찬님
- University of Strathclyde 김재민 연구원님

- Clyde & Co Senior BD Manager, Nick Moore
- KIDD Consulting, Daniel Kidd
- 고려대학교 Jean-Luc Leese 교수님
- 영국대사관 박경원 매니저님
- HIRAM College Merose Hwang 교수님
- 이화여자대학교 Dr. Heather Willoughby 교수님
- 미국상공회의소 오진원 상무님
- 한국외국어대학교 Heiko Ital & 박주연 교수님
- 튀빙엔대학교 Katrin Maurer
- Packative COO, Robert Liebhart
- 전남대학교 오민우 교수님
- Gymnasium am Moltkeplatz 박민준님
- 독일대사관 Alexander Renner 참사관님, Marina Pauli 前참사관님, 박선영 담당관님
- 주한독일고등교육진흥원(DAAD Korea) - Lars Bergmeyer 대표님, Christoph Pollmann 前대표님, 이호경 박사님, 나자영 선생님, 안혜성(Julia Buchholz)선생님
- 인도네시아 독일상공회의소 Ute Brockmann 부소장님
- 한독상공회의소(KGCCI) 김영민 부장님, 김선희 부장님
- Intercultural Business Trainer/Moderator Nils Reschke
- Swiss Business Hub 오예선 실장님
- Sup de Luxe Paris 이은정님

- 블루벨코리아 전은지 팀장님
- 프랑스 관광청 Frédéric Tambon 前지사장님
- 루이비통 코리아 Pierre-Edouard Potdevin
- 파리8대학 신창용 사진작가님
- 한국조사협회 김수현 실장님
- 신중성어학원 Mélanie Chantepie 강사님
- 슈트라스부르 황풀잎 대표님

이외에도 부족한 우리들의 사고의 지평을 넓혀주신 모든 분들과 출간의 중요한 순간 순간마다 참신한 견해로 우리들이 확신에 찬 결정을 할 수 있도록 도움을 준 법무법인 세종 기획실 모든 동료들과 딸 지윤이에게 이 자리를 빌려 감사의 말씀을 드린다.

참고 자료

- Riding the Waves of Culture, Understanding Cultural Diversity in Business (2nd Edition) – Fons Trompenaars and Charles Hampden-Turner.
- Cultures and Organizations Software of the Mind – Geert Hofstede and Gert Jan Hofstede. Bartlett, Ghoshal and Birkinshaw (2004).
- Transnational Management 4th edition. McGraw Hill: Boston. Jeff Shay, University of Montana
- M-Time & P-Time, High & Low-context Culture – Edward T-Hall
- Generalized Expectations for Internal versus External Control of Reinforcement – Rotter, J.B.
- The Culture Map – Erin Meyer
- 한국어 유형적 특징 – 손호민 교수
- 1등 브랜드와 싸워 이기는 전략 – 김앤김북스
- 세계각국 이민자의 미국 동화도 – 맨해튼 연구소 보고서(중앙일보)
- Doing Business with Germans – Sylvia Schroll-Machl
- 유럽인과의 대화, 아는 만큼 공감한다 – KOTRA
- 세계비즈니스 문화기행 – 한국무역협회